PATHFINDER

HORS
Baker, Anthony Bono, Kevin Bryan, James Case, hen Glicker, Steven Hammond, Joan Hong, Jenny bski, Mikko Kallio, Joshua Kim, Lyz Liddell, Loza, Ron Lundeen, Jacob W. Michaels, Andrew en, Jason Nelson, Jennifer Povey, Danita Rambo, an Reinecke, Mikhail Rekun, Patrick Renie, Alex s, David N. Ross, Michael Sayre, David Schwartz, H.H.S., Timothy Snow, Amber Stewart, Tan Han, Jason Tondro, William Thompson, Greg A. ghan, Ruvaid Virk, Jabari Weathers, and Scott ig

ELOPERS
Lundeen and Patrick Renie

IGN LEADS
hen Radney-MacFarland and Mark Seifter

TING LEADS
ick Hurley, Avi Kool, Lyz Liddell, and Lu Pellazar

TORS
Bauer, Erik Scott de Bie, James Case, Kate nnor, Addley C. Fannin, Leo Glass, Garrett otte, Patrick Hurley, Stacey Janssen, Avi Kool, Lyz ell, Kieran Newton, Adrian Ng, Lu Pellazar, Eric er, Sen. H.H.S., Shay Snow, and Josh Vogt

ER AND PAGE BORDER ARTIST
uel Regodón Harkness and Ramon Puasa Jr.

ERIOR ARTISTS
d Astruga, Gislaine Avila, Olivier Bernard, Jay erson, Vlada Hladkova, Jason Juta, Luis Salas ra, Robert Lazzaretti, Damien Mammoliti, Artur hodkin, Ian Perks, Christoph Peters, Sandra ada, Roena Rosenberger, Ricardo Padierne Silvera, ko Stojanovic, Jessé Suursoo, and Vicky Yarova

DIRECTION
a Morris and Sarah E. Robinson

ATIVE DIRECTOR
es Jacobs

JECT MANAGER
riel Waluconis

LISHER
Mona

TSCHE AUSGABE
ses-Spiele

GINALTITEL
ncion's Curse (*Pathfinder Adventure Path #151: The w Must Go On; #152: Legacy of the Lost God; #153: s Long Shadows; #154: Siege of the Dinosaurs; 5: Lord of the Black Sands; #156: The Apocalypse phet); Fist of the Ruby Phoenix (#167: Ready? t!; #168: King of the Mountain)*

ERSETZUNG
ola Manetzgruber, Markus Neeb, Ulrich-Alexander midt, Klaus Singvogel

TORAT UND KORREKTORAT
dia Feld, Tom Ganz, Günther Kronenberg, Klaus vogel

OUT
ine Hoffmann

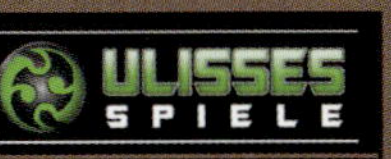

Ulisses Spiele GmbH
Industriestr. 11 | 65529 Waldems
www.ulisses-spiele.de

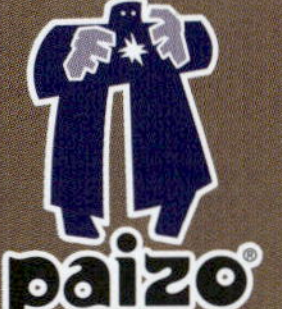

Paizo Inc.
7120 185th Ave NE, Ste 120
Redmond, WA 98052-0577
paizo.com

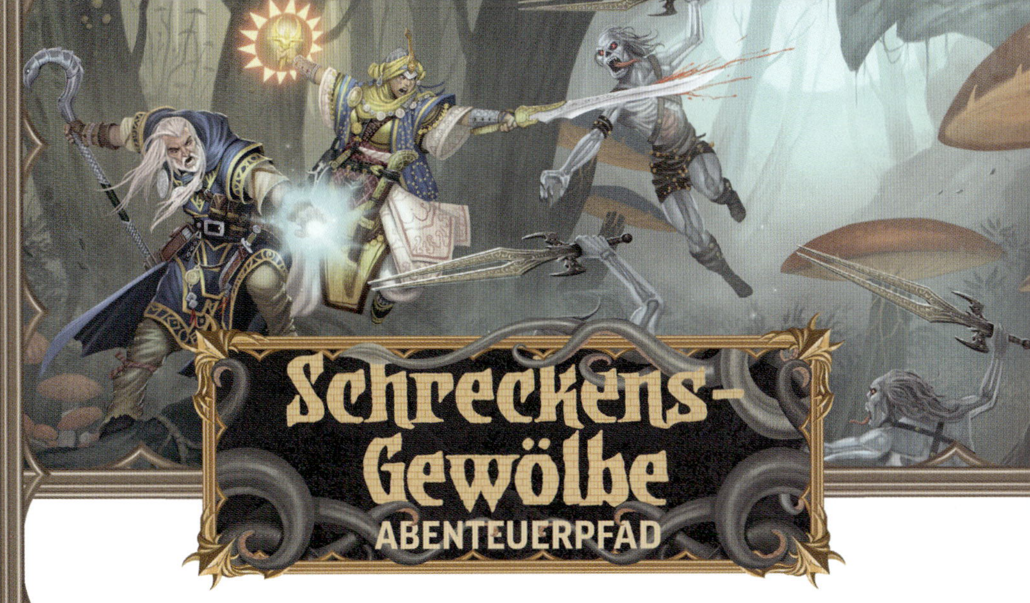

INHALT

Die Lebensweise der Xulgathen 2
Zevgavizeb 8
Finsterfraß 14
Kulte der Finsterlande 20
Vergessene Halbebenen 26
Das Erwachen der Kaiju 32
Neue Archetypen 38
Magische Gegenstände 40
Bestiarium 44
OGL 63

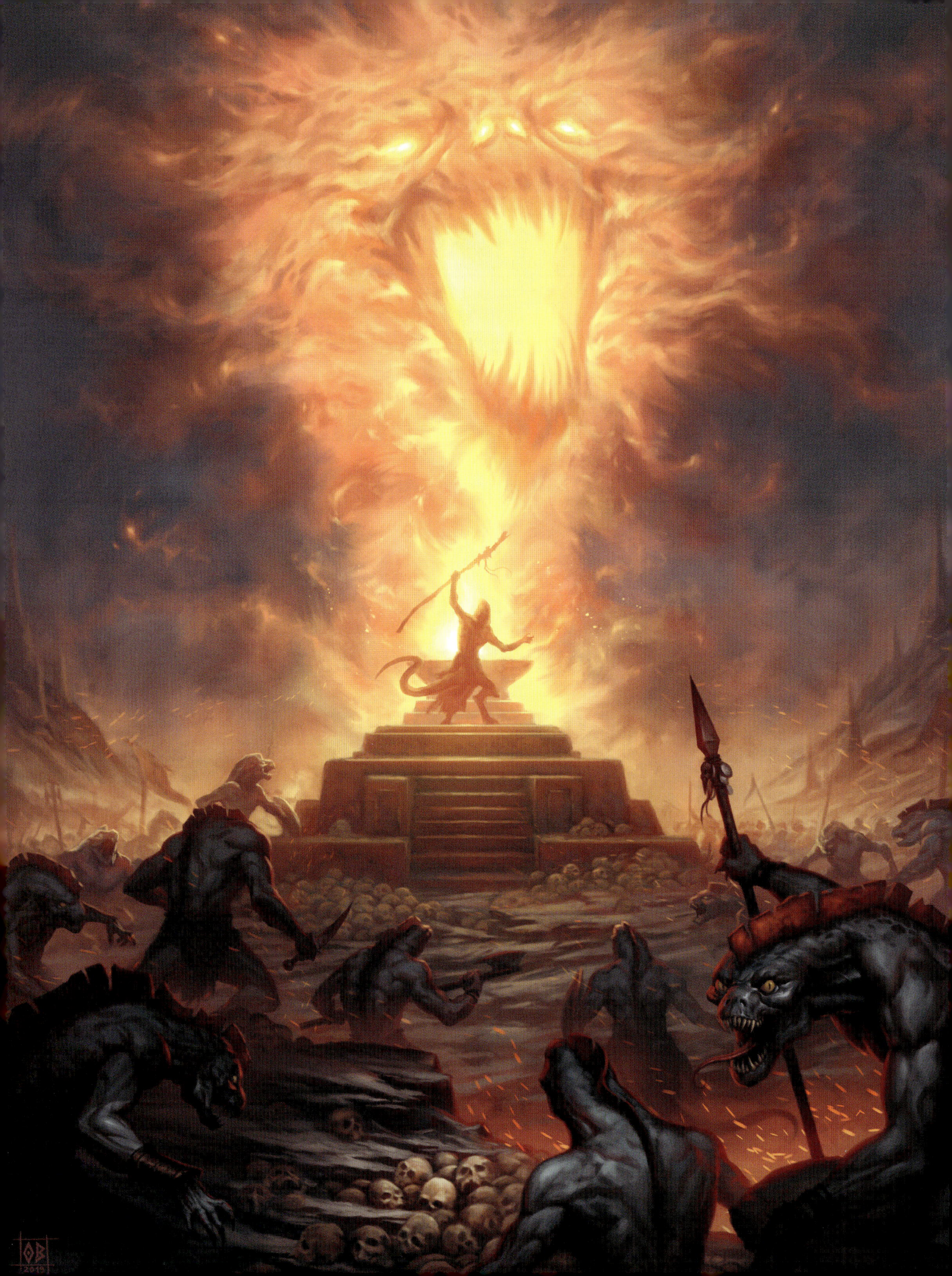

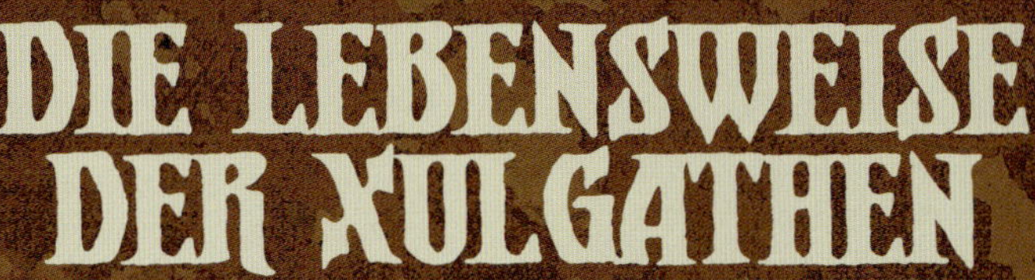

Die Lebensweise der Xulgathen

Keine der Bewohner der Finsterlande sind so fortpflanzungsfreudig oder werden derart unterschätzt wie die Xulgathen. Von den Oberflächenbewohnern werden sie Troglodyten genannt und nur als stinkende Primitivlinge abgetan, dabei weiß kaum jemand, dass diese echsenartigen Humanoiden einst im Zeitalter der Legenden ein gewaltiges, unterirdisches Reich beherrscht haben. Die mit übersinnlichen Kräften ausgestatteten Anführer dieses Xulgathenreiches kommandierten Legionen fähiger Krieger und ließen großartige Tempel aus Obsidian und steinerne Stufenpyramiden errichten. Doch jetzt gibt es von der xulgathischen Zivilisation nur noch über die Finsterlande und dunkle Winkel nahe der Oberfläche verstreute Fragmente – überhaupt kann man kaum noch von einer Zivilisation sprechen. Es gibt nur noch feige Gruppen aus Aasfressern, Müllsammlern, Verrätern und Kannibalen, untereinander im Kampf um die Kontrolle über unbedeutende Höhlen und Nahrungsbrocken.

Einst jedoch hatte sich die xulgathische Zivilisation von einem gewaltigen Gewölbe in der Tiefe gebreitet – aus der Orvschen Gruft Vask. Zur Blütezeit der Xulgathen war diese Gruft voll von Pflanzenleben und vor der in den Finsterlanden herrschenden radioaktiven Strahlung von sechs mysteriösen Sphären geschützt, den sogenannten Höhlenherzen. Im stärkenden Licht dieser Kugeln gediehen die Xulgathen und errichteten große Gemeinschaften um rätselhafte Stufenpyramiden herum. Während sich ihre geordnete, wenn auch blutige Gesellschaft durch die Gruft ausbreitete, errichteten sie beeindruckende Aquädukte, Pilzfarmen und Ungezieferzuchten. Schließlich stießen sie an die Grenzen ihres Heimatlandes und richteten den Blick darüber hinaus. Xulgathische Armeen, geführt von mächtigen, übersinnlich begabten Generälen, zogen durch die Finsterlande und hinterließen zerrissene Leiber und zerstörte Geister. Ganze Völker fielen unter ihren Steinkeulen und Obsidianmessern, besaßen die

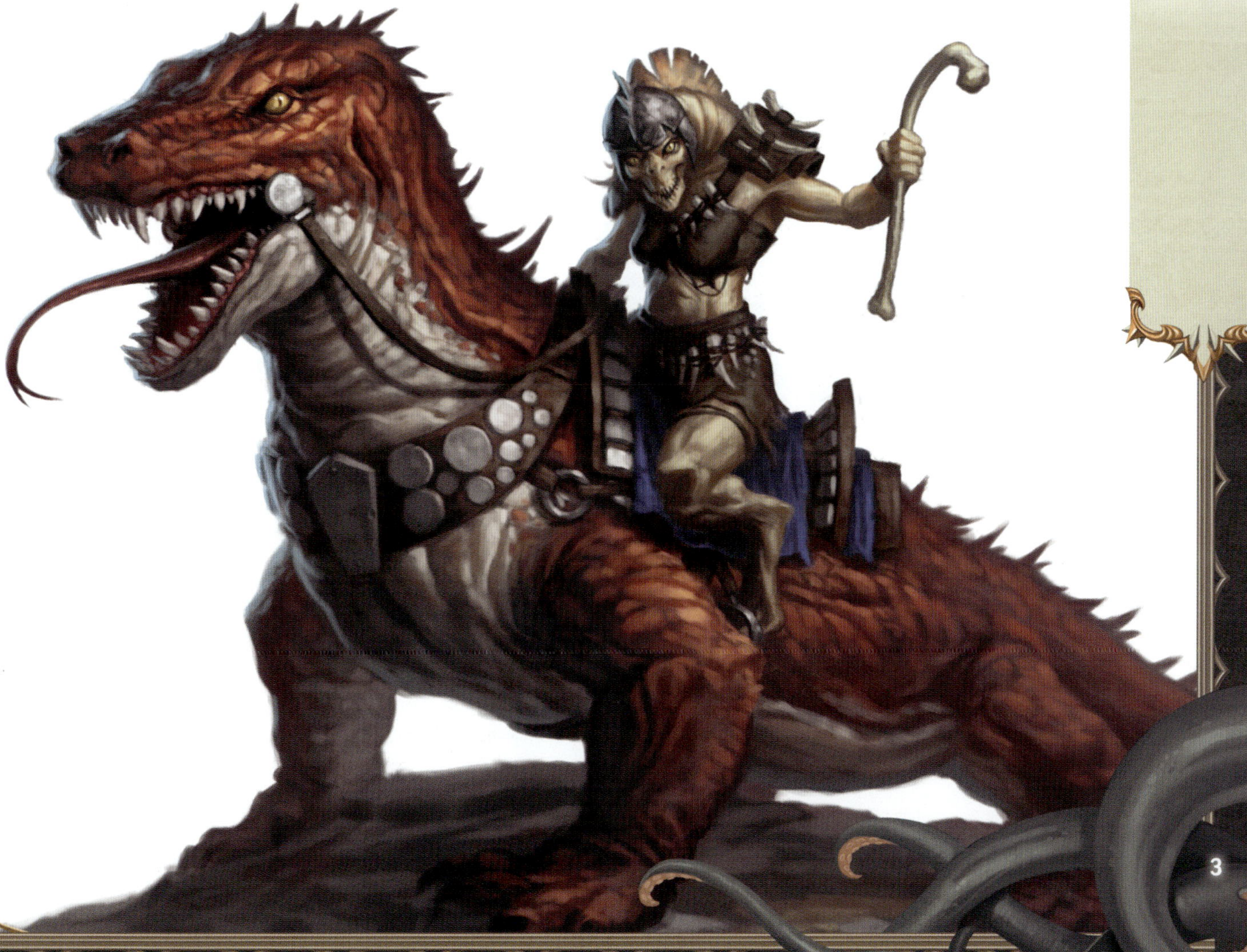

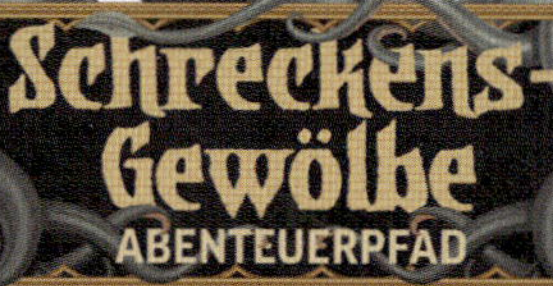

XULGATHISCHE ROLLEN

Jahrtausende in den mutierenden Energien von Vasks Hintergrundstrahlung hat die Physiologie der Xulgathen dauerhaft geformt. In uralter Zeit waren die Xulgathen trotz ihrer rigide strukturierten Gesellschaft mit bemerkenswerter Autonomie ausgestattet, doch heute richtet sich die Rolle eines Xulgathen innerhalb seines Geleges fast stets nach seinen einzigartigen Mutationen oder körperlichen Seltsamkeiten. Ihre Mutationen umfassen die gesamte erdenkliche Bandbreite, wobei Xulgathen Individuen mit ähnlichen Mutationen in ein paar Kategorien gruppieren, um die Aufgaben innerhalb der Gruppe besser zu unterscheiden.

Zu diesen Kategorien zählen u.a. die folgenden, siehe auch den Xulgathen-Abschnitt im Bestiarium in diesem Band:

Bluter: Manche Xulgathen werden mit weichen, fast schon fleischigen Schuppen geboren, die leicht zu stark blutenden Wunden aufbrechen. Viele dieser Bluter werden schon bei der Geburt getötet, doch manche Gelege nutzen sie als Blutspender für ihre verletzten Krieger oder sperren sie als sich erneuernde Ressourcen für bei den abyssalen Ritualen der Tiefensprecher benötigten Blutopfer ein.

Doppelkopf: Doppelfehlbildungen sind unter Xulgathen weitaus verbreiteter als bei anderen Völkern. Derart körperlich zusammenverwachsene Zwillinge werden oft zu Panzerschuppen oder Verschlingern, so sie denn Kindheit und Jugend überleben. Xulgathen halten solche Wesen für von Zevgavizeb gesegnet. Abergläubische Xulgathen oder um ihre Position besorgte Tiefensprecher könnten aber behaupten, dass ein Doppelkopf dem finsteren Einfluss des Dämonenherrschers Abraxas entspringe, eines Schutzherren der Dunkelelfen, mit denen die Xulgathen seit Langem in Fehde liegen.

Fresser: Diese Xulgathen sind selbst für die Maßstäbe ihrer Art gefräßig. Sie besitzen pralle Bäuche und einen unersättlichen Hunger und sind für ihre Gelege Segen und Fluch zugleich. Einerseits belasten sie natürlich die Nahrungsressourcen über die Maßen, andererseits fressen sie auch Abfälle, sodass manche Gelege sie als Müllschlucker nutzen.

Xulgathen doch unglaubliche zahlenmäßige Vorteile selbst gegenüber fortschrittlicheren Gesellschaften wie z.B. den Ophiden. Möglicherweise hätten diese Legionen sogar die Oberfläche erreicht, wäre es nicht zum Selbstverschlingen gekommen – dies ist die Bezeichnung der Xulgathen für die gegenwärtige, Jahrtausende währende Periode des Hungers, der Zerrissenheit und der Gewalt, welche die heutige xulgathische Gesellschaft prägen. Diese Ära begann vor fast fünftausend Jahren; unter „Selbstverschlingen" verstanden die Xulgathen damals die oft katastrophalen Konflikte innerhalb ihres Volkes und die Bezeichnung hält sich noch immer.

Keiner weiß genau, was diese Konflikte ausgelöst hat. Manche verweisen darauf, dass xulgathische Gemeinden damals mit der Verehrung von Dämonen begonnen hatten und es zu Konflikten zwischen den jeweiligen Doktrinen gekommen sein muss. Andere verweisen auf mythologische Überlieferungen, dass ein mächtiger, schuppenloser Magier von der blendend hellen Oberfläche fünf der sechs Höhlenherzen gestohlen habe. Und wieder andere glauben, dass allein der Hochmut und die Hybris der Xulgathen ihren Niedergang ausgelöst hätten – aber natürlich würde kein am Leben hängender Xulgath eine solche Ketzerei laut aussprechen.

Aus welchem Grund auch immer das Selbstverschlingen begann, kam mit ihm eine Veränderung der Xulgathen – mit jeder Generation verkümmerte ihr einst messerscharfer Verstand mehr, während Paranoia und zunehmende Ressourcenverknappung zu Gewaltausbrüchen zwischen zuvor kooperativen Gemeinschaften führten. Auch die Geduld und Umsicht, welche für Ackerbau und Viehzucht nötig waren, schwanden. Schlüpflinge zeigten immer größere körperliche Unterschiede und Variationen. Hatten früher die meisten Xulgathen psychogene Öle ausgeschwitzt, verbreiteten sie nun einen üblen Gestank, welcher die Ernte und Zuchttiere verheerte. Die Zivilisation der Xulgathen brach auseinander, während die degenerierenden Angehörigen der Spezies begannen, einander zu fressen. Wo die Xulgathen einst über landesgroße Kavernen geherrscht hatten, kämpften kleine Gruppen nun über winzige und desolate Grotten.

Xulgathische Dämonenverehrer glauben, dass diese neue Ordnung vollkommen richtig ist, bietet sie doch den wahren Anführern ihres Volkes die Möglichkeit, ihr Können zu beweisen und ihren abyssalen Herren zu gefallen. Nicht alle Xulgathen sind damit zufrieden, diesen Zyklus innerer Kämpfe und des Hungers fortzuführen. Manche lassen sich von den großartigen Steingebäuden der Vergangenheit und den Resten des einstigen Ruhmes inspirieren. Und einige zeigen sogar Spuren der mentalen Geisteskräfte ihrer Ahnen. Sollte es diesen wenigen mächtigen Xulgathen gelingen, genug Anhänger zu sammeln, um in einem neuen Territorium Fuß zu fassen und dort eine neue Herrschaft aufzubauen, wird es Golarion sicherlich erschüttern.

Die Gesellschaft der Xulgathen

Xulgathische Gemeinschaften werden als Gelege bezeichnet, dieser Begriff gilt für jede Gruppe von Xulgathen, welche zusammenleben und grob dieselben Ziele verfolgen. Gelege variieren in der Größe von einem Dutzend Individuen bis zu mehreren hundert. In seltenen Fällen könnten mehrere Gelege sich zusammenschließen, um eine größere Gemeinschaft zu bilden, doch die komplexen Machtdynamiken zwischen mehreren potentiellen Anführern bedeuten, dass eine längerfristige Zusammenarbeit fast unmöglich ist. Diese fehlende Bereitschaft, Differenzen beizulegen und zusammenzuarbeiten, entspringt den beiden Kernwerten der xulgathischen Gesellschaft: Stärke und Dominanz.

Wenn Oberflächenbewohner an Xulgathen denken, stellen sie sich kriecherische Reptilienleute vor, welche sich um einen wuchtigen, monarchischen Anführer sammeln. Derartiges ist bei isolierten Gelegen üblich, die in Sümpfen oder Höhlenkomplexen nahe Golarions Oberfläche hausen, jedoch haben die meistes Gelegeanführer eine weitaus nuancenreichere Auslegung von Stärke. Stärke kann auch demonstriert werden, indem man dank cleverer Planung einen Gegner in den eigenen Speer rennen lässt, eine angeborene Gabe zum Formen der Welt mittels Magie besitzt oder mittels übernatürlicher Kräfte den Verstand von Gegnern unterwirft. Die Angehörigen eines Geleges nutzen meistens eines dieser Modelle, um den Anführer ihrer jeweiligen Gruppe zu bestimmen. Philosophische Differenzen können jedoch zuweilen Konflikte innerhalb eines Geleges auslösen, wobei der Sieger gegebenenfalls den neuen Plan des Geleges festlegt, wie man die lokale Macht erlangt.

Stärke ermöglicht Dominanz – eine ebenso wichtige Tugend bei den Xulgathen. Die Xulgathen der Gegenwart erachten es nicht nur als nützlich, ihre Gegner oder Umgebungen zu meistern, sondern auch als Zeichen persönlicher Bedeutung. Wo in einer anderen Gesellschaft ein Steinmetz auf sein Können angesichts einer gutgearbeiteten, ordentlichen Steinwand stolz sein könnte, lieben es xulgathische Steinmetze, die Erde ihrem Willen zu unterwerfen und wie die Wand Möchtegernherausforderer aufhalten dürfte. Für einen Xulgathen präsentiert nichts mehr die Tugend der Dominanz als das Vernichten eines Gegners. Indem Xulgathen ihre Gegner töten, die Leichen verbrennen und die Reste auffressen, glauben sie, sie nicht nur zu besiegen, sondern ihre Essenz dabei völlig auszulöschen und die wenige verbleibende Kraft in sich aufzunehmen. Die meisten angehenden Anführer beweisen durch körperliche Konfrontationen oder gesellschaftliche Manipulationen, dass sie zu Höherem bestimmt sind. Ein neuer Anführer besiegt entweder den bisherigen, geht Bündnisse ein, um die Herrschaft des bisherigen untragbar zu machen, oder nutzt esoterischere Methoden wie abyssale Rituale oder mentale Duelle, um hinter den Kulissen die Macht an sich zu reißen.

Obwohl die Gelege voneinander recht unabhängig existieren, halten sich die Xulgathen als Ganzes an relativ ähnliche Hierarchien. Der Titel des Oberhauptes eines Geleges lässt sich grob mit „Verschlinger" übersetzen, während alle Unterführer als Panzerschuppen bezeichnet werden. Die vorherrschende Dämonenverehrung bedeutet, dass die meisten Verschlinger zugleich Tiefensprecher sind – religiöse Autoritäten mit tiefgreifenden Kontakten zum Abyss. Nichtreligiöse Verschlinger aus kleineren, säkularen Gelegen halten sich in der Regel durch Körperkraft oder Täuschung und Verrat an der Macht.

Größere Gelege tiefer in den Finsterlanden könnten von Gedankenfressern geführt werden, Xulgathen mit einem Funken jener latenten mentalen Kraft, welche einst ihre Spezies definiert hat. Gewöhnliche Xulgathen verspüren gegenüber Gedankenfresser-Verschlingern noch mehr Ehrfurcht als gegenüber dämonenverehrenden Tiefensprechern. In von Gedankenfressern angeführten Gelegen dienen Tiefensprecher meistens als Berater oder kümmern sich um ihre Anhänger. Manche Gedankenfresser sind mental derart stark, dass sie gänzlich auf dämonische Hilfe verzichten und Tiefensprecher aus ihren Gelegen verbannen. Ihre Arroganz ist auch durchaus begründet – ihr Können mag variieren, aber manche können Dutzende Xulgathen mental direkt unterwerfen und Legionen gesteuerter Soldaten zu beängstigend koordinierten Angriffen aussenden.

Rangniedere Xulgathen kümmern sich meistens nicht um die Intrigen der Verschlinger und potentielle Usurpatoren, da ihre eigenen Probleme sie mehr als beschäftigt halten.

Wie Angehörige jeder Gesellschaft benötigen auch Xulgathen Ressourcen und ein Dach über dem Kopf zum Überleben. Verschlinger und Panzerschuppen organisieren ihre Untertanen nach deren Befähigungen für spezifische Aufgaben. Einfache Gelege gehen auf die Jagd, züchten Reptilien oder Ungeziefer, sammeln Feuerholz, halten Wache oder kümmern sich um zahlreiche andere Aufgaben, um das Gelege funktionsfähig zu halten. Ambitionierte oder besser organisierte Gelege könnten Gruppen auf die Suche nach seltenen Materialien und magischen Reagenzien oder neuen Wasserquellen aussenden, gegnerische Besitzungen ausspähen und umfassende Überfälle planen.

Dämonenverehrung

Bei Oberflächenbewohnern werden Troglodyten meistens in einem Atemzug mit Dämonenverehrung genannt – nicht nur, weil Xulgathen für viele dieselben Ängste und Gefahren verkörpern, sondern auch, weil ihre Neigung zur Dämonenverehrung ebenso sehr bekannt ist wie ihr Hunger auf Fleisch.

Wann, wie und warum Xulgathen angefangen haben, Dämonen zu verehren, ist unbekannt, die Praxis beeinflusst die Normen und die Entwicklung ihrer Kultur aber seitdem auf dramatische Weise. Die meisten Gelege praktizieren die Doktrin des einen oder anderen Dämonenherrschers, wobei Zevgavizeb, der sogenannte Gott der Troglodyten, an erster Stelle steht. Die Dämonen angeborene Zerstörungslust und Abartigkeit passt bestens zur Blutlust besonders streitlustiger Xulgathen, sodass die kriegstreiberischsten Gelege oftmals auch die gläubigsten sind. Die als Tiefensprecher bezeichneten Priester dieser Dämonenverehrer besitzen Macht und Ansehen und beschenken ihre Lieblingskultisten mit abyssalen Kräften aus den Tiefen dieser unheiligen Ebene. Zevgavizeb, der bestialische Dämonenherrscher der Reptilien, besitzt mehr Gläubige unter den Xulgathen als jede andere Gottheit. Sein Hunger und seine Macht spiegeln den Lebensansatz der gegenwärtigen Xulgathen wider: Sie töten, fressen und dehnen ihre Territorien in seinem Namen aus, da sie glauben, so Ruhm zu erlangen – und weil sie fürchten, ansonsten selbst mit Leib und Seele von ihm gefressen zu werden. Jene Xulgathen, die Zevgavizeb nicht verehren, könnten andere Dämonen- oder Qlippothherrscher wie Oaur-Ooung, Schiggarreb oder Yhidothrus anbeten, werden von den Zevgavizebgläubigen aber als dumme Narren betrachtet, welche die Auslöschung im Grunde verdienen.

Zevgavizebgläubige Gelege strukturieren ihre Ansiedlungen um die Riten des Dämonenherrschers. Zu den Traditionen der Religion zählt eine Mahlzeit warmblütigen Fleisches am Tag, daher halten die Gläubigen sich nichtreptilische Beutetiere oder Gefangene in einem Pferch zu eben diesem Zweck. Eine andere Tradition verlangt das langsame Pfählen eines Opfers, während getanzt und laut gesungen wird – hierzu haben unterirdisch hausende Gelege oft im Zentrum ihrer Territorien einen nadelspitz gearbeiteten Stalagmiten, um den herum sie ihre größten Kochfeuer und in konzentrischen Kreisen Ritualplätze und Schlachttische anlegen.

Die meisten Tiefensprecher fürchten das Missfallen ihres Herrn und glauben, sie würden von dem Dämonenherrscher gefressen werden, wenn sie nicht seinen (und ihren eigenen) Hunger mittels gefräßiger Gewalt besänftigen. Dieser Glaube hält sich dank unregelmäßig auftretender, plötzlicher Ausbrüche unaufhaltsamer Gewalt und Kannibalismus unter Zevgavizebs Anhängern. Diese selbstzerstörerischen, als Selbstverschlingen bezeichneten Ausbrüche waren einst häufig genug, dass die Xulgathen mittlerweile ihre gesamte Geschichtsperiode seit dem Fall ihres unterirdischen Weltreiches so bezeichnen. Die Gläubigen behaupten, dass diese Ausbrüche auftreten, wenn sich Zevgavizeb in seinem abyssalen Reich Finsterfraß regt, daher bemühen sie sich rasch, alles zu korrigieren, das ihrer Ansicht nach der dämonischen Gottheit missfallen könnte.

Eine geringe Anzahl Xulgathen verehrt keine abyssalen Mächte. Manche von ihnen glauben, dass sie aufgrund ihrer angeborenen Stärke keine übernatürliche Hilfe benötigen, während andere auf ihr übersinnliches Erbe zurückgreifen, um ihr Schicksal zu schmieden. Eine Gruppe Xulgathen, die dem Grünen Glauben anhängt, lauscht dem Wispern der Natur, orientiert sich an der brutal einfachen Beziehung zwischen Jäger und Beute oder sucht im Echo des tropfenden Höhlenwassers nach Antworten. Diese seltenen Naturanhänger halten nichts von der Brutalität der xulgathischen Gesellschaft und wählen meistens das freiwillige Exil anstelle des Todes durch die Hände ihrer Artgenossen. Diese Anhänger des Grünen Glaubens sind auch jene Xulgathen, die Oberflächenbewohnern am ehesten friedlich oder sogar freundlich begegnen – ein Umstand, der die anderen Xulgathen in ihnen nur umso mehr Verräter am eigenen Volk sehen lässt.

Ressourcen und Handwerk

Die meisten Gelege der Xulgathen leben unter der Erde, wo Ressourcen oft schwer zu finden sind. Krieg, Selbstzerstörung und kulturelle Werte, welche interne Konflikte fördern, schränken die Entwicklung der Xulgathen weiter ein. Dennoch nutzen sie Rohstoffe, die andere Zivilisationen als einfache Materialien einstufen, auf beste Weise.

Feuer ist ein zentraler Bestandteil des Xulgathenlebens, insbesondere bei Zevgavizebgläubigen. Die Nahrung auf einem Bratspieß über den Kochfeuern des Geleges zu schwärzen ist ihre bevorzugte Methode der Nahrungszubereitung – bis zu einem Punkt, an dem andere Kreaturen das Fleisch als ungenießbar verkokelt betrachten würden. Die einzigartige Anatomie eines Xulgathen ermöglicht ihm aber, auch aus versengter Nahrung Nährstoffe zu ziehen, und die meisten genießen den Geschmack von zu Holzkohle verbranntem Fleisch.

All dies macht die Meisterschaft der xulgathischen Gesellschaft über die lebende Flamme möglich, worin sie die Dominanz über ihre Umgebung und die Natur selbst sehen. Da Feuer aber Sauerstoff verzehrt und Rauch erzeugt, ist es eine ernstzunehmende Gefahr im beengten Unterschlupf eines Geleges. Entsprechend wissen Xulgathen auch, dass gute Belüftung wichtig ist, und wie man außer Kontrolle geratene Flammen löscht. Dennoch zählt es zu den Mannbarkeitsriten der Xulgathen, Hitze und Ersticken in einer verräucherten Kammer zu widerstehen; so beweisen sie ihre körperliche Zähigkeit und ihre Gabe, die Flammen zu dominieren und zu überwinden. Die meisten Gelege züchten brennbare Pilze, sammeln ihre Abfälle oder verbrennen nicht essbare Leichen. Xulgathische Zauberwirker, welche Flammen hervorrufen und einsetzen können, genießen hohen Respekt und Kohle aus rituellen Flammen dient als wichtige Komponente für Magie und Kunst. Xulgathen glauben, dass magische Symbole, welche mit den verkohlten Überresten eines Feindes gezeichnet werden, über besondere Macht verfügen und äußerst machtvolle Zauberreagenzien abgeben. Manche Überreste werden auch besonders behandelt, um fremdartige Schlaginstrumente zu fertigen, sogenannte Schmettertröge.

Aufgrund ihrer unterirdischen Lebensweise verfügen Xulgathen über hinreichende Steinressourcen. Sie formen dieses Material mittels der einzigen Technik aus ihrer Blütezeit, welche die Jahrtausende überstanden hat, der Steinbeugung. Nur wenige von ihnen verstehen diese Vorgehensweise noch genau. Tiefensprecher nutzen die Magie außerweltlicher Schutzherren, Gedankenfresser nutzen ihre mentale Kontrolle der physischen Realität und weniger begabte Xulgathen greifen auf primitive Alchemie zurück, um Stein zu einem lehmartigen oder noch lockereren Zustand zu erweichen. Geformt und wieder verhärtet ist der gebeugte Stein härter als zuvor. Größere Gelege sind eher imstande, verbesserte Steinbeugungstechniken zu nutzen, bei denen die formbare Erde in Felle, Knochen oder sogar andere Xulgathen injiziert wird – letzteres wird dann als Steinbindung bezeichnet. Wie beim Feuer betrachten Xulgathen ihre Meisterschaft über den Stein als Beweis, dass sie ihre Umgebung beherrschen. So wie sie die Knochen ihrer Feinde als Werkzeuge und Waffen verwenden, formen und nutzen sie die Gebeine der Welt selbst.

Die meisten Xulgathen betrachten Obsidian als die Spitze der Herrschaft ihres Volkes über die Umgebung. In ihren

Augen ist Obsidian gezähmtes Feuer und eine eingefangene Naturgewalt. Obsidian ist jedoch selten und zerbrechlich und daher meistens für feine Werkzeuge oder Schmuck für Verschlinger und Panzerschuppen reserviert. Trotz dieser Brüchigkeit kann auch Obsidian der Steinbeugung unterzogen werden – dies ist zwar langwieriger und schwieriger als bei normalem Stein, doch das Ergebnis ist ein schillerndes Material von einer Stärke ähnlich Mithral. Die Xulgathen nennen es Lichtknochen.

Diener und Verbündete

Im Laufe der Jahrhunderte haben Xulgathen gelernt, diverse Kreaturen zu zähmen. Domestizierte Bestien existieren nun seit genug Generationen unter den Xulgathen, um gegen den widerlichen Gestank ihrer Herren immun geworden zu sein. Kragenechsen, Höhlengeckos und andere große Reptilien sind sehr verbreitet und erfüllen dieselben Funktionen wie Pferde und Jagdhunde an der Oberfläche.

Den meisten Gelegen fehlen der nötige Platz und die Ressourcen, um große Populationen dieser hungrigen Tiere zu unterhalten. Tiefgelegene Ortschaften können aber beeindruckende Massen an kampftrainierten reptilischen Reittieren ins Feld führen.

Xulgathen besitzen eine gewisse Affinität zu Brontosauriern, Triceratops, Tyrannosauriern und anderen massiven Reptilien, welche im Tiefen Tolguth und anderen Grüften von Orv hausen. Sie trainieren diese Dinosaurierverbündeten als lebende Kräne, Pflüge und andere gewaltige Werkzeuge für Bau- und Erhaltungsmaßnahmen, aber auch als lebende Belagerungswaffen und furchtbare Streitrösser. Manche von Tiefensprechern angeführten Gelege nutzen sogar geheime Riten, um furchtbare Saurianer aus dem abyssalen Reich Finsterfraß zu holen.

Bei Gelegen, die abyssale Mächte anbeten, sind Dämonen ein häufiger Anblick. Abrikandili, Babaus und Vermleks reagieren auf die Rufe der Tiefensprecher, während die gefährlicheren Marilithen und Zevgavizebs bevorzugte Vavakias den mächtigsten Priestern gehorchen. Dämonen werden in der Regel zu besonderen Zwecken beschworen, doch manche verbleiben auf der Materiellen Ebene als Berater oder um ihren Blutdurst zu stillen. Hält sich ein Dämon länger unter Xulgathen auf, könnte dies zur Erschaffung oder Geburt von Slaugraken führen, furchtbaren Hybriden aus Dämon und Xulgath.

Dunkelelfen und Duergar nutzen Xulgathen zuweilen als Söldner. Gelege, welche sich dazu anheuern lassen, sind meistens verzweifelt oder zu sehr von der Gewalt begeistert, da sie nur selten fair bezahlt werden oder dabei ihre eigenen Ziele voranbringen können. Besser etabliertere Gelege wecken stattdessen die Aufmerksamkeit von dämonenverehrenden Saurianern, riesigen Humanoiden mit Reptilienköpfen. Die wenigen Saurianer der Finsterlande sind Ausgestoßene der saurianischen Gesellschaft, welche von Religiosität, Hunger oder schlimmerem angetrieben werden. Das Machtgleichgewicht zwischen dem Verschlinger, den Panzerschuppen und saurianischen Verbündeten ist delikat und es passiert durchaus, dass Xulgathen sich in den Diensten eines neuen, fremden Herrn wiederfinden.

Xulgathen sind zwar kriegerisch, doch zuweilen kann man mit ihnen reden. Manche Gelegeanführer verbünden sich durchaus vorübergehend mit Entdeckern, Abenteurern und anderen Besuchern der Finsterlande. Solange die Besucher die Mühe wert sind, führen die Xulgathen sie durch gewundene Tunnel oder garantieren ihnen freies Geleit durch ihre Territorien. Für einen xulgathischen Krieger stellt es eine seltene Chance zur Förderung seiner Ziele dar, wenn er an die spezialisierte oder magische Ausrüstung eines Oberflächenbewohners gelangen kann.

Vorstöße an die Oberfläche

Xulgathen sind an Golarions Oberfläche nicht unbekannt. Die Finsterlande sind gefährlich und schwächere Gelege fliehen zuweilen zur Selbsterhaltung an die Oberfläche, während andere dort nach Ressourcen suchen, die es in den lichtlosen Landen nicht gibt. Die meisten Xulgathen aber kommen an die Oberfläche, um zu erobern. Sie richten sich in Sümpfen oder Höhlen ein, bauen ihre Stärke auf und schlagen zu, um neue Territorien zu erlangen. Diese Expansionsbemühungen sind nur selten von Erfolg geprägt.

Die meisten Möchtegerneroberer sehen sich mit unvertrauten Umgebungen oder feindseligen Einheimischen konfrontiert, sodass sie bestenfalls ein paar Quadratkilometer erobern können oder gänzlich ausgelöscht werden. Im Laufe der Jahrhunderte haben Oberflächenbewohner zahlreiche Xulgatheninvasionen zurückgeschlagen. Im westlichen Nidal feiert man den Tag des Hungrigen Zwielichts, an dem Dunkelheit einst vom Himmel herabstieg, um Tausende einfallende Xulgathen zu zerreißen, und nutzt das Bild der gespaltenen Schuppen noch immer in der Ikonographie. Die Al-Zabritistämme der Merazwüste vertreiben immer wieder Gelege aus den Kalksteinhöhlen unter ihren Oasen und jagen die Xulgathen in die Wüste, wo sie von Sand und Bestien verschlungen werden.

In den abgelegeneren Grafschaften Ustalavs kommt es immer wieder zu kleineren Xulgatheninvasionen, wo in zerfallenen Befestigungsanlagen und stillen Wäldern abgehärtete Gelege hausen. Die Moorherren in Odranto sind ein Gelege, welches den vampirischen Dämonenherrscher Zura verehrt und durch das Wissen über den Vampirismus dazu inspiriert wird, sich die vampirischen Praktiken zu „unterwerfen“: Sie tragen edle, nun aber zerlumpte Kleidung und trinken Blut aus verbeulten goldenen Kelchen. Dies mag lachhaft klingen, jedoch tragen ihr dämonischer Gehorsam und zahlreiche Testsubjekte Früchte – angeblich können die Tiefensprecher der Moorherren das Blut in den Adern ihrer entsetzten Feinde beugen!

Andere Gelege haben ihre Territorien abgesichert, sei es in den andoranischen Kerzensteinhöhlen oder den gewundenen Kavernen des Erdnabels im Reich der Mammutherren. Xulgathen sind zwar eine Spezies in der Diaspora, aber hartnäckig und ausdauernd. Ihre anhaltende Präsenz in der Region der Inneren See ist der Quell ebenso vieler Spukgeschichten wie tatsächlicher Angriffe auf ahnungslose Leute.

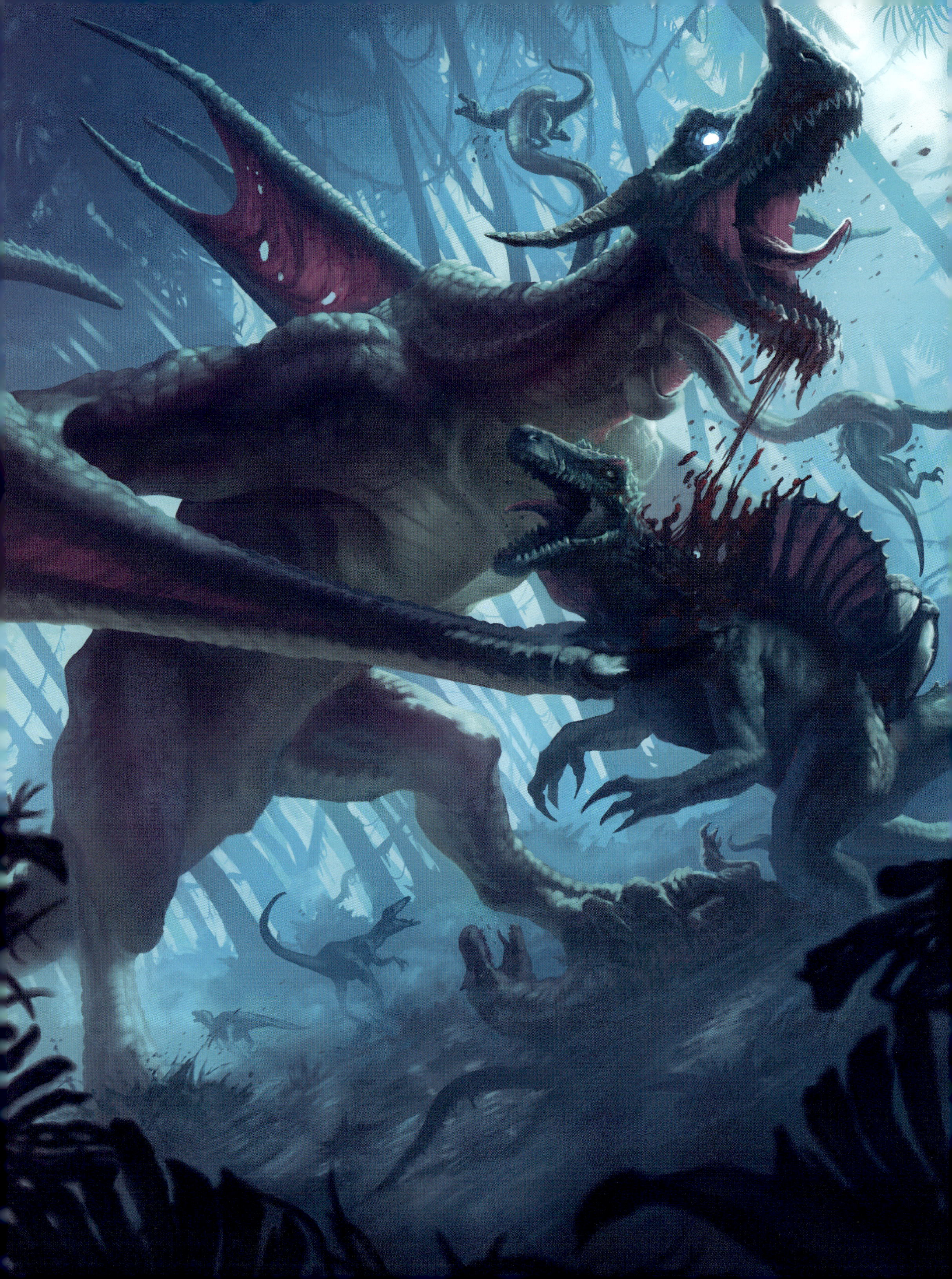

Die Lebensweise der Xulgathen
Zevgavizeb
Finsterfraß
Kulte der Finsterlande
Vergessene Halbebenen
Das Erwachen der Kaiju
Für Zauberer...
Magische Gegenstände
Bestiarium

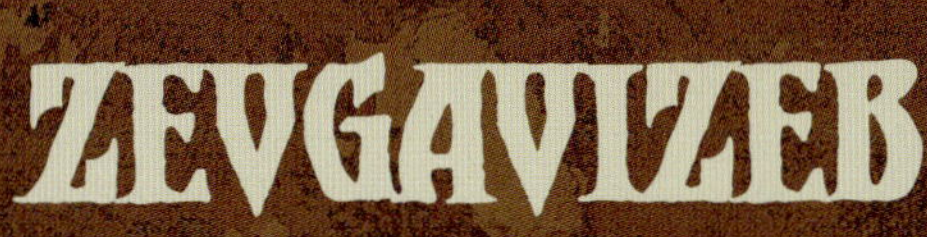

Zevgavizeb

Zevgavizeb - die Bestie von Finsterfraß, Herr der Reptilien, der Sonnenverschlinger – ist ein gefräßiger, grausamer Dämonenherrscher, dessen Anhänger entsetzliche Opferfeste feiern und im Namen ihrer Gottheit lange, brutale Kriege führen. Die meisten seiner Gläubigen finden sich unter den Xulgathen (auch als Troglodyten bekannt). Zevgavizeb weiß nur wenig über Sterbliche, die nicht zu seinen Anhängern zählen, da seine Interessen nur selten über die Grenzen seines abyssalen Reiches und seines unersättlichen Hungers hinausgehen. Die meisten Werke der Gelehrten beschreiben ihn nur kurz und verweisen auf seine Ursprünge als Qlippoth, ehe er zu einem Dämonen geworden ist, um so möglicherweise seinen unersättlichen Hunger und unstillbaren Blutdurst zu erklären. Der Sonnenverschlinger liegt abwechselnd in einem todesähnlichen Schlaf und verfällt in völkermordende Fresssucht. Seine Gläubigen ahmen diesen Kreislauf aus Kriegs- und Friedenszeiten in ihren Phasen gesellschaftlicher Weiterentwicklung und Zusammenbruchs nach.

Gläubige Xulgathen glauben, dass jeder von Zevgavizebs berüchtigten Schlummern dem Dämonenherrscher gestattet, Teile des Wissens der von ihm Gefressenen und der ihm Geopferten zu verdauen und in sich aufzunehmen. In diesem Zustand der Starre muss man den Herrn der Reptilen kaum fürchten, während seine Anhänger Phasen des Friedens und Wohlstandes genießen. Weckt ihn aber der Hunger, können auch seine Gläubigen die Schockwellen seines knurrenden Magens in ihren Knochen spüren und verfallen in zorngetriebene Brutalität. Die Xulgathen bezeichnen diese mit Zevgavizeb einhergehenden kriegerischen Phasen als „Selbstverschlingen", sorgen sie doch seit Jahrtausenden dafür, dass seine Kulte im Kriegszustand leben, sich teilweise selbst zerstören und die gesellschaftliche Entwicklung ausgebremst wird. Seine Gläubigen denken, dass jeder Zyklus von Schlafen und Wüten die Bestie von Finsterfraß einem unbekannten Endziel näherbringe. Während andere Zivilisationen Zevgavizebs Gläubige als primitive Kannibalen und Kriegstreiber abstempeln, übersehen sie, dass sie nur deshalb in einem Zustand relativen Stumpfsinns und fehlender Bildung verbleiben, weil ihre inneren, albtraumhaften Akte des Selbstzerfleischens den fortwährenden Aufstieg ihrer finsteren Gottheit vorantreiben.

Die Geschichte der Bestie von Finsterfraß ist unübersichtlich. Als Qlippoth herrschte Zevgavizeb über seinen Winkel des Abyss während der frühen Jahre der Urzeit des Multiversums. Damals führten Qlippothen und Proteaner gegeneinander Krieg und hatte Zeit keine Bedeutung. Erst Äonen später, als die ersten Dämonen im Abyss geboren wurden und die Qlippothen sich vor ihren Horden zurückzogen, wandte Zevgavizeb sich von seinen Artgenossen ab und ließ seine Ursprünge hinter sich, um zu einem Dämonenherrscher aufzusteigen. Wo aber Dagon und Jubilex sich den Weg zur Macht fraßen und Cyth-V'sug dank irregeleiteter sterblicher Anhänger aufstieg, erlangte Zevgavizeb seine Göttlichkeit nicht durch Verehrung oder unersättlichen Hunger, wie seine heiligen Texte verkünden, und auch nicht durch daimonische Experimente, sondern dank der unergründbaren Launen einer kleinen Gruppe mächtiger Proteaner. Eine Sekte dieser Geschöpfe des Chaos, die sich selbst die Wyrme des Paradoxons nannten, veränderte den Erzählungen nach ausgewählte Qlippoth – darunter auch Zevgavizeb – in Dämonen, um den Abyss zu schwächen und seinen Hunger gegen ihn selbst zu wenden. Auf diese Weise lenkten die Wyrme des Paradoxons die schrecklichen Wesen des Abyss vom restlichen Multiversum ab, sodass der Mahlstrom weiterhin Entropie in die anderen Ebenen leiten konnte und die übrige Realität aus ihren Wunden entspringen konnte. So wie Zevgavizebs Anhänger in dunklen Höhlen und Kratern und unter der Erde fern der Aufmerksamkeit ihrer Beute lauern, so haust auch der Sonnenverschlinger in der Dunkelheit, wo er hungert und wartet, um letztendlich hervorzubrechen und seinen Blutdurst wieder zu sättigen.

Personifikation und Reich

Zevgavizebs monströse Gestalt verweist zugleich auf seine fremdartigen Ursprünge als Qlippoth als auch auf seine neue Position als Dämonenherrscher. Er besitzt aber auch bestialische Elemente der Monster, welche die dunkelsten und feuchtesten Orte des Kosmos durchstreifen, darunter titanische Dinosaurier, hungrige Fledermäuse und zuckende Cephalopoden. Säurespeiende, mit Saugnäpfen überzogene Tentakel, die in neunaugenartigen Mäulern enden, gewaltige, ausgefranste Schwingen mit klauenförmigen Phalangen, Ringe von Saurierzähnen im Inneren eines geifernden Mauls – all diese körperlichen Merkmale werden der Bestie von Finsterfraß oftmals zugeschrieben, auch wenn ihre Gestalt (wie für Götter üblich) für das sterbliche Auge unverständlich und damit auch nicht endgültig beschreibbar ist. Zevgavizebs Gegenwart ist überwältigend und wird durch seine große mentale Macht noch unterstrichen, ist sein Wille doch so stark, dass er Gegner allein mit einem Gedanken zerreißen kann. Seine magenumdrehenden Schreie können in den Höhlen des Abyss vernommen werden, egal ob er schläft und von Gewalt träumt oder durch sein Reich Finsterfraß wütet.

Das abyssale Reich Finsterfraß ist eine gewaltige, planetengroße Welt aus verbundenen, riesigen Höhlen in einem tiefen, abgelegenen Winkel des Abyss. Jede der Hohlen wird von einem schwachen, magischen Stern erhält; in diesen Hohlwelten hausen im Wettstreit liegende Nationen dämonenberührter Xulgathen, Saurianer und Iruxis, seien es Sterbliche oder geisterhafte Bittsteller. Dazu kommen Horden reinblütiger Dämonen. Berge, Schluchten, wilde Dschungel und lichtlose Meere sind voll von gefräßigem, dämonischem Tierleben, darunter Ableger von Dinosauriern, infernale Seeschlangen, fliegende vampirische Monstrositäten und alle Arten von Mutationen, welche sich nicht rationell klassifizieren lassen.

Alles in Finsterfraß ist von unnatürlicher Fruchtbarkeit. Evolution und Mutation erfolgen in einem beschleunigten Maßstab dank der Hintergrundstrahlung, welche von dem Dschungelmond im Herzen von Zevgavizebs Reich ausgeht, wo der Dämonenherrscher haust und schläft. In seltenen Fällen verlässt er seine lunare Thronwelt, um sich an den Bewohnern seines Reiches zu laben. Die Nachwirkungen seiner wiederkehrenden Fressorgien kann man im ganzen Multiversum spüren, da seine Anhänger heftige mentale Beben empfinden, welche sie ihrerseits in zerstörerische Wut versetzen. Nachdem der Dämonenherrscher seine Blutlust gesättigt hat – meistens durch völlige Auslöschung einer seiner Höhlenwelten -, lässt er den Stern des fraglichen Gebietes zur Supernova werden, welche es sterilisiert und die Uhr der Evolution zurückstellt. Dann stampft er zu seinem Mond zurück, um wieder für Äonen in Schlaf zu verfallen.

Dogma und Gläubige

Man kann den Leuten kaum vorwerfen, wenn sie glauben, dass Zevgavizebs Gläubige mit ihren langen Perioden der Untätigkeit und den kurzen Amokläufen dazwischen kaum Ziele jenseits von Überleben und Gewalt haben – was größtenteils auch stimmt. Der Gutteil des Dogmas seiner Anhänger entstammt keinen heiligen Texten oder direkten Geboten, sondern dem grausamen, wirren Geschrei seiner Priester, die behaupten, für den Dämonenherrscher zu sprechen. Zevgavizebs Anhänger sind nicht an Schriften oder Studien interessiert, sondern wollen die Macht des Göttlichen durch die Freude des Blutvergießens erleben.

Stärke, Heimlichkeit, Kontrolle und Blutdurst sind die einzigen wiederkehrenden Gebote in Zevgavizebs Religion; die Xulgathen, Saurianer und Iruxis unter seinen Gläubigen befolgen sie mit Leichtigkeit und völliger Begeisterung. Neben diesen reptilischen Anhängern zieht Zevgavizebs Glaube noch andere unterirdisch lebende Gläubige wie Gugs und Morlocks an. Dazu kommen einige böse Druiden von der Oberfläche. Letztere kommen zuweilen unter einem gemeinsamen Banner zusammen und nennen sich selbst die Kinder des Sonnenverschlingers. Diese Druiden halten nichts von den typischeren druidischen Gestaltwandelfähigkeiten und mischen lieber Naturmagie mit ihren göttlichen Energien, um ihre Leiber mit infernalen und reptilischen Merkmalen zu stärken.

Zevgavizeb ist das Wohlergehen seine Anhänger ebenso egal, wie es ihn nicht kümmert, wie sie seinen Geboten genau nachkommen. Für ihn zählt nur, dass ihre Zahl wächst, sie stärker werden, erobern, versklaven und ihm Opfer bringen. Die Anhänger des Dämonenherrschers nehmen ihre Mission ernst und verfolgen die Ziele des Herrn der Reptilien mit wenig Rücksicht auf die eigene Sicherheit. Xulgathische Anhänger Zevgavizebs paaren sich oft mit beschworenen Dämonen, insbesondere Vavakias, um auf unheilige Weise die Mutationsrate ihrer Spezies zu beschleunigen. Für sie sind solche Abnormitäten der Schlüssel zu höherer Stärke und der Gunst ihres dunklen Gottes.

In anderen Religionen mag man in den Göttern Kraft, Mut und Hoffnung in schlechten Zeiten finden, doch Zevgavizebs Gläubige leben in ständiger Furcht vor ihrem göttlichen Schutzherrn. Es ist ein weitverbreiteter Glaube, dass die Bestie von Finsterfraß nach ihrem Erwachen die Schwachen und Unwürdigen unter ihren Anhängern verzehre – oder dies durch ihre stärkeren Zeloten erledigen lasse. Und so finden sich jene, die es nicht schaffen, andere Kreaturen in hinreichender Zahl zu versklaven, zu beherrschen und zu opfern, selbst als erste auf dem Richtblock wieder. Diese Angst, verbunden mit dem Umstand, dass die Gläubigen keiner homogenen Gruppe angehören und verschiedene theologische Praktiken verfolgen, ist einer der Gründe für die internen Konflikte unter den Gläubigen. Die angsterfüllte Paranoia führt zu internen Hexenjagden selbst beim kleinsten Fehltritt. Sind Opfergaben knapp und besitzt man nicht die Stärke, um über seine Nachbarn herzufallen, wie es oft bei Xulgathen der Fall ist, bitten die Gläubigen ihren Gott um Anleitung. Sofern er sich zu einer Antwort herablässt, ist diese stets dieselbe: Die Schar muss ausgedünnt werden! Dem folgen dann Episoden unkontrollierter Aggression gegen andere und Kannibalismus als Teil eines brutalen Kreislaufes, der die natürliche Ordnung innerhalb von Finsterfraß widerspiegelt. Dieser Kreislauf ist zugleich der Hauptgrund, warum seine Anhänger – auch hier wieder in erster Linie Xulgathen – oftmals kulturell und technologisch rückständig sind.

Tempel und Schreine

Die Stätten der Verehrung sind einfache, feuchte und blutbefleckte unterirdische Orte, welche die kulturellen Praktiken und das fehlende technische Verständnis der meisten seiner Anhänger widerspiegeln. Der typische Tempel liegt in einer tiefen, natürlichen Höhle, einer Kellerruine oder einem verlassenen Gewölbe und wird meistens von einem oder mehreren seiner dämonischen Lieblingsdiener, den Vavakias, bewacht. Im Zentrum des Tempels befindet sich ein aus dem Felsen gehauener Altar inmitten von Stalagmiten, welche mit den Überresten früherer Opfer geschmückt sind. Die Spitzen dieser Stalagmiten sind mit brennendem Pech bestrichen, phosphoreszierender Farbe oder mit entsprechender Magie belegt. Der Altar hat die Form eines reißzahnbewehrten Reptilienmauls aus Stein und soll Zevgavizebs eigenen Schlund darstellen. Ein besonders gesegnetes xulgathisches Gelege könnte einen Vavakia zu Gast haben, welcher als Mittelsmann fungiert und Blut und Gebete im Namen des Sonnenverschlingers annimmt. Mit der Zeit wird ein Altar zunehmend geschmückter und trägt nicht nur Blut und Überreste, sondern auch Gold, Schmuck und sogar Waffen und magische Gegenstände, die an den Hörnern, Zähnen oder wurmartigen Tentakeln hängen. In den größten Tempeln befinden sich interplanare Portale nach Finsterfraß, welche sich öffnen, um Opfergaben zu akzeptieren oder Scheusale aus Zevgavizebs Reich ausspeien als Antwort auf die Gebete eines Priesters – oder sein Versagen.

Zevgavizebs Schreine werden unvermeidbar mit rituell verteilten Knochen, Eingeweiden und Blut der häufigen Opfer

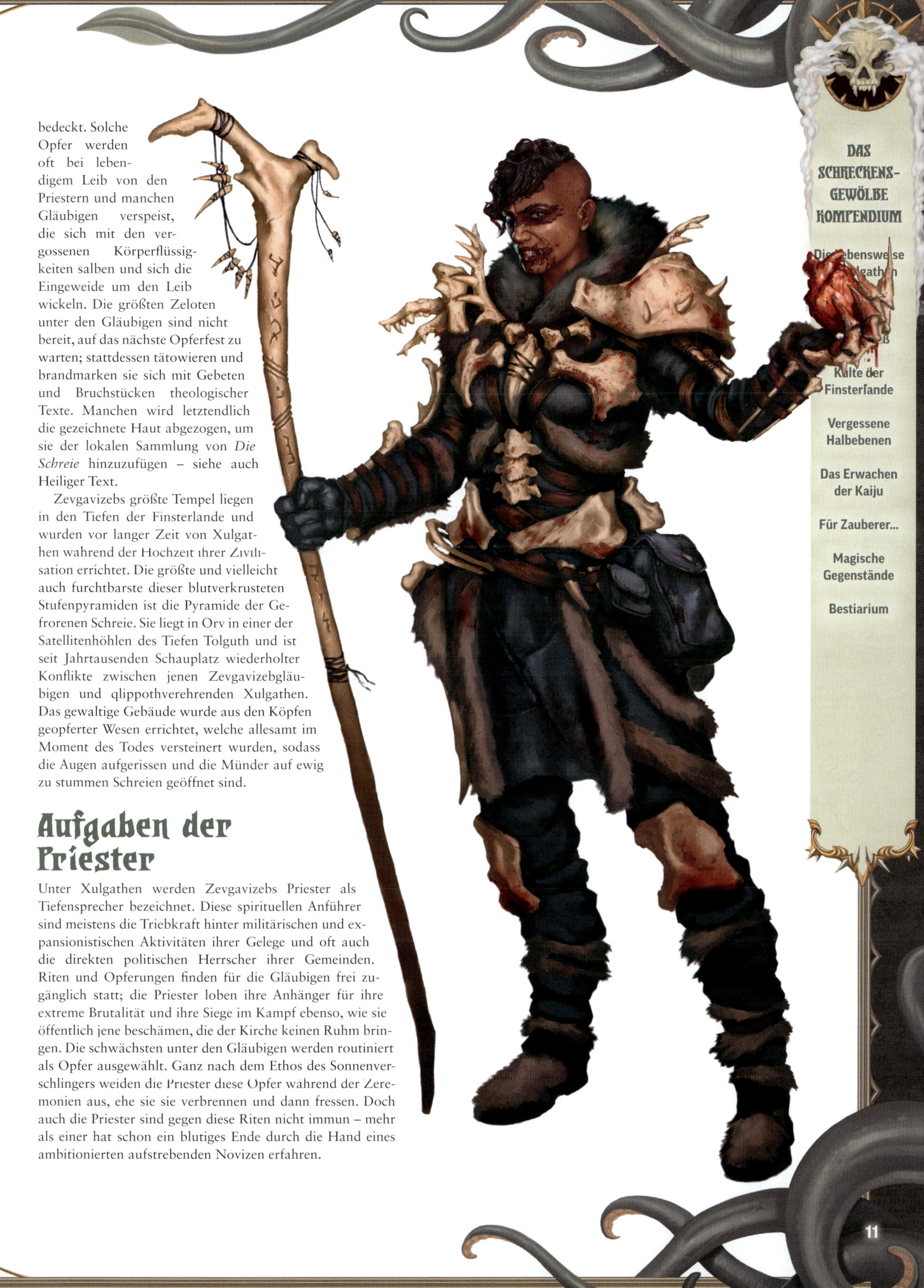

bedeckt. Solche Opfer werden oft bei lebendigem Leib von den Priestern und manchen Gläubigen verspeist, die sich mit den vergossenen Körperflüssigkeiten salben und sich die Eingeweide um den Leib wickeln. Die größten Zeloten unter den Gläubigen sind nicht bereit, auf das nächste Opferfest zu warten; stattdessen tätowieren und brandmarken sie sich mit Gebeten und Bruchstücken theologischer Texte. Manchen wird letztendlich die gezeichnete Haut abgezogen, um sie der lokalen Sammlung von *Die Schreie* hinzuzufügen – siehe auch Heiliger Text.

Zevgavizebs größte Tempel liegen in den Tiefen der Finsterlande und wurden vor langer Zeit von Xulgathen während der Hochzeit ihrer Zivilisation errichtet. Die größte und vielleicht auch furchtbarste dieser blutverkrusteten Stufenpyramiden ist die Pyramide der Gefrorenen Schreie. Sie liegt in Orv in einer der Satellitenhöhlen des Tiefen Tolguth und ist seit Jahrtausenden Schauplatz wiederholter Konflikte zwischen jenen Zevgavizebgläubigen und qlippothverehrenden Xulgathen. Das gewaltige Gebäude wurde aus den Köpfen geopferter Wesen errichtet, welche allesamt im Moment des Todes versteinert wurden, sodass die Augen aufgerissen und die Münder auf ewig zu stummen Schreien geöffnet sind.

Aufgaben der Priester

Unter Xulgathen werden Zevgavizebs Priester als Tiefensprecher bezeichnet. Diese spirituellen Anführer sind meistens die Triebkraft hinter militärischen und expansionistischen Aktivitäten ihrer Gelege und oft auch die direkten politischen Herrscher ihrer Gemeinden. Riten und Opferungen finden für die Gläubigen frei zugänglich statt; die Priester loben ihre Anhänger für ihre extreme Brutalität und ihre Siege im Kampf ebenso, wie sie öffentlich jene beschämen, die der Kirche keinen Ruhm bringen. Die schwächsten unter den Gläubigen werden routiniert als Opfer ausgewählt. Ganz nach dem Ethos des Sonnenverschlingers weiden die Priester diese Opfer während der Zeremonien aus, ehe sie sie verbrennen und dann fressen. Doch auch die Priester sind gegen diese Riten nicht immun – mehr als einer hat schon ein blutiges Ende durch die Hand eines ambitionierten aufstrebenden Novizen erfahren.

Da die meisten zevgavizebgläubigen Gruppen und Gesellschaften keine komplexen gesellschaftlichen und kulturellen Hierarchien besitzen, füllen die Priester im Alltagsleben eine wichtige Rolle aus. Sie repräsentieren den am besten erkennbaren Weg zur Macht, weshalb ihre Ränge auch die brutalsten Soziopathen anziehen, wie Blutegel von warmem Fleisch angelockt werden. Ihre launenhaften und oft sadistischen Exzesse leben in den Zusätzen weiter, welche sie der kodifizierten Theologie und den Ritualen hinzufügen. Wo Dämonenverehrung ein Tabu ist, praktizieren sie bei ihren Riten größere Heimlichkeit und agieren meistens hinter den Kulissen. Oft betreiben sie großen Aufwand dazu, am Rand einer Ortschaft in Zusammenart mit bösen Druidenzirkeln wie den Kindern des Sonnenverschlingers.

Unabhängig von der Spezies sind die meisten Zevgavizebpriester Kleriker, dazu kommen ein paar wenige Streiter, Druiden, Zauberer und sogar Barbaren. Die Priester sind meistens intelligenter als die gewöhnlichen Gläubigen. Manchmal kann aber auch ein zwar primitiver, aber sehr charismatischer Anführer mehr religiösen Eifer wecken als jene, die Zevgavizebs Willen nuanciert zu interpretieren verstehen. Passend zu den Heiligen Texten glauben die meisten xulgathischen Priester, dass die Befolgung der Gebote des Glaubens nicht nur ihr Leben verbessert, sondern ihnen auch dieselbe Kraft verleiht, über die ihre Ahnen verfügt haben – manche entwickeln sogar übernatürliche Kräfte!

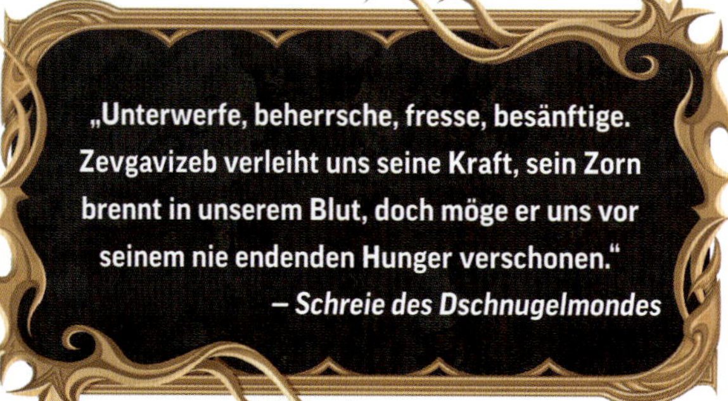

Feiertage

Die meisten Gläubigen können mit dem Konzept eines Kalenders zum Vermerken besonderer Tage oder zum Nachhalten der verstreichenden Zeit nicht viel anfangen. Stattdessen begehen sie Feiertage oder periodische Opferfeste, wann immer ihre Priesterschaft „Offenbarungen" durch ihren Gott erhält. Die dramatische und offenkundigste Gelegenheit ist das Selbstverschlingen – eine Zeit intensiven internen Zwists, der Unruhen, des Kannibalismus und eifriger Opferfeste, welche eintritt, wenn die Bestie von Finsterfraß durch ihr Reich wütet. Die Zeitverzerrungen zwischen den Ebenen des Multiversums können zur Folge haben, dass zwischen den Phasen des Selbstverschlingens mal Jahrhunderte und mal vielleicht nur Tage verstreichen.

Die Gläubigen denken, dass das Selbstverschlingen ein Zeichen dafür sei, dass sie das Missfallen ihres finsteren Gottes erweckt haben und er aus der Dunkelheit über sie herfallen würde, gelänge es ihnen nicht, ihn mittels Blut und Krieg zu besänftigen. Jeder Priester erhält eine Vision, wenn das Selbstverschlingen bevorsteht und manche heulen und plappern dann unzusammenhängend auf reinstem Abyssisch. Die Anführer beginnen dann mit brutalen Opferfesten ohne Rücksicht auf Zugehörigkeiten, welche oft nach außen in Kriege ausufern oder nach innen in Brudermord und Kannibalismus.

Aussprüche

Das fiebrige Geplapper der egoistischen Kleriker hat viele Sprichworte hervorgebracht. Die folgenden sind weitverbreitet – vielleicht nicht wortgetreu, aber doch in ihrer Bedeutung:

Fresse, sonst wirst du gefressen: Das einfachste und direkteste Gebot wird von Zevgavizebs Anhängern zu allen möglichen Anlässen ausgesprochen. Es spricht eine unter den Gläubigen verbreitete Furcht an – Versagen und Fehlschläge sind oft genug Gründe, welche zum Tod auf den Opferaltären des Dämonenherrschers führen, damit die Schwachen in den Abyss selbst hinabgezerrt werden. Zudem wird der Ausspruch als höflicher Gruß genutzt, wobei er oft auf ein einfaches „Fresse!" verkürzt wird.

Die Stille schreit nicht: Zevgavizeb sieht in Dunkelheit und Stille Elemente eines erfolgreichen Raubtieres. Der Ausspruch wird vor Angriffen auf Rivalen und Überfällen aus Ortschaften geflüstert, wenn man plündern und versklaven will, um Diener und Opfergaben zu erlangen. Er ist ein Gegensatz zu den gequälten Schreien der Opfer und zugleich ein Gebet der stoischen Entschlossenheit und eine Warnung, den stärkeren Anführern zu gehorchen, um nicht vielleicht des Versagens oder der Schwäche beschuldigt und geopfert zu werden.

Heiliger Text

Es gibt zwei Heilige Texte des Zevgavizeb — *Schreie des Dschungelmondes* wurde zur Blütezeit des Xulgathenreiches verfasst und ist im Laufe der Zeit teilweise verlorengegangen, während *Die Schreie* eine stark überarbeitete, veränderte und vereinfachte Version für das einfache Volk darstellt.

Letzteres ist eine brutal vereinfachte Sammlung von Gebeten und bildhaften Darstellungen von Ritualen und Opfern in einer primitiven Mischung aus Drakonisch und Abyssisch. Mehr als die Hälfte des Textes sind wiederholte Befehle, andere zu unterwerfen und Zevgavizeb als Opfer zu bringen, damit er nicht erwacht und den Leser frisst.

Im Vergleich dazu ist *Schreie des Dschungelmondes* ein komplexer, verschnörkelter Text. Die Bücher enthalten Lederseiten, die aus der Haut von Lebewesen gewonnen werden, denen zuvor Verse eintätowiert oder eingebrannt wurden. Für selbst vage reptilische Kreaturen sind die Worte des Textes psychogen und halluzinatorisch beim Lesen; wer ihn wiederholt liest, kommt zu der tiefgreifenden Ansicht, dass weitere umfassende Studien bei ihm mächtige übernatürliche Gaben erwecken würden.

Beziehungen zu anderen Religionen

Trotz seiner eher zurückgezogenen Lebensweise unterhält Zevgavizeb Beziehungen zu zahlreichen anderen göttlichen Wesen. Die Bestie von Finsterfraß versteht sich gut, manchmal sogar fast familiär, mit anderen Qlippothen, die zu Dämonenherrschern aufgestiegen sind, darunter Pazuzu, Dagon und Jubilex. Den übrigen Qlippothherrschern des Abyss steht der Sonnenverschlinger dagegen brutal feindselig gegenüber, dies gilt auch für Rovagug, war dieser Gott doch ursprünglich ein Qlippoth. Zevgavizeb verabscheut ihn derart, dass die beiden immer wieder gegeneinander in den Krieg ziehen. Gegenwärtig aber gilt sein Hass Schiggarreb, da das Umherstreifende Maul mit immer größeren Bemühungen versucht, Zevgavizebs Anhänger unter den erleuchteten Xulgathen des Tiefen Tolguth auf Golarion abspenstig zu machen.

Die meisten Götter interagieren mit Zevgavizeb kaum, da seine Pläne kaum über den Abyss hinausgehen, jedoch hasst er das zwergische Pantheon und unterhält eine komplizierte Beziehung aus Rivalität und widerwilligem Respekt zu Lamaschtu, Dahak und Nocticula. Mit diesen Göttern teilt er gewisse Elemente seiner Interessenbereiche, doch da er selbst Ambitionen hegt, zu einem Gott aufzusteigen, könnte sich hinter seiner Bewunderung auch das Bestreben verstecken, diese Konkurrenten mit Haut und Haar zu verschlingen...

ZEVGAVIZEB (CB)

Der Einflussbereich der Bestie von Finsterfraß erstreckt sich über Höhlen, Reptilen, die Starken und den allesverzehrenden Hunger. Als urzeitlicher, aus einem Qlippothen entstandener Dämonenherrscher scheinen ihm seine Anhänger herzlich egal zu sein, sodass diese ihn eher besänftigen als anbeten.

Gebote Vergrößere das Territorium deines Geleges, unterwerfe deine Feinde, demonstriere deine Meisterschaft der Handwerke und der Umgebung, verschlinge die Schwachen

Anathema Ergib dich im Kampf, zeige Schwäche angesichts Problemen, zeige den Schwachen Gnade

Gesinnung der Anhänger NB, CB

ANHÄNGERVORTEILE

Göttlicher Quell Leid

Göttliche Fertigkeit Überlebenskunst

Bevorzugte Waffe Stachelhandschuh

Domänen Kraft, Natur, Tricks, Tyrannei

Alternative Domänen Drachenartige[G&M], Schwelgerei, Zerstörung

Klerikerzauber 1.: *Schwächestrahl*, 3.: *Mit Stein verschmelzen*, 5.: *Verschlingender Schlund* (siehe unten)

Neue Regeln

TRÄUMER VOM DSCHUNGELMOND — HINTERGRUND

UNGEWÖHNLICH

Du bist während der Nachwehen eines großen Selbstverschlingens aufgewachsen und hast nur dank deines Einfallsreichtums und vielleicht der Gunst deines Schutzherrn überlebt. Du bist mit Können und Antrieb gesegnet, musst aber stets seine Standards erfüllen, sonst wird dich der Hunger aus der Tiefe erneut aufsuchen.

Wähle zwei Attributsverbesserungen. Eine muss Stärke oder Weisheit zugewiesen werden, die andere ist eine freie Attributsverbesserung.

Du erhältst das Fertigkeitstalent Hungrige Verzweiflung (siehe unten) und den Kompetenzgrad Geübt in Kenntnis (Zevgavizeb) und Überlebenskunst.

HUNGRIGE VERZWEIFLUNG — TALENT 1

UNGEWÖHNLICH | ALLGEMEIN | FERTIGKEIT

Voraussetzungen Kompetenzgrad Geübt in Kenntnis (Zevgavizeb)

Deine Studien der Bestie von Finsterfraß lehren dich, das Beste auch aus schwierigen Situationen zu machen, statt dich der Schwäche zu ergeben. Solange du weniger als 50 % deiner maximalen Trefferpunkte besitzt, erhältst du einen Situationsbonus von +1 auf Würfe für Heimlichkeit und Überlebenskunst. Sollten deine Trefferpunkte unter 25 % deines Maximums liegen, steigt der Bonus auf +2.

VERSCHLINGENDER SCHLUND — ZAUBER 5

UNGEWÖHNLICH | BÖSE | HEILUNG | NEKROMANTIE

Traditionen Göttlich, Natur, Okkult

Zeitaufwand ◆◆ Gestik, Verbal

Reichweite 12 m; **Ziele** Eine lebende Kreatur

Rettungswurf WIL; **Wirkungsdauer** 3 Runden

Du rufst Zevgavizebs unendlichen Hunger an und bringst ihn über dein Ziel. Das Ziel wird von kannibalischem Hunger überwältigt und kann seine Lebenskraft zurückgewinnen, indem es sich am Fleisch der Gefallenen labt. Während seines Zuges kann das Ziel 2 Aktionen aufwenden (welche dabei die Kategorie Handhaben erhalten), um sich an einer angrenzenden sterbenden oder toten Kreatur zu laben. Sollte die Kreatur den Zustand Sterbend besessen haben, so ist sie nun tot. Sollte es sich bei der Kreatur um einen Verbündeten des Zieles handeln, erlangt das Ziel 5W8 TP zurück, ansonsten 5W4 TP. Manche Monster könnten weitere Effekte verursachen, wenn man sie frisst, z.B. falls sie ätzendes Blut besitzen; der SL hat das letzte Wort. Das Ziel kann sich an einer bestimmten Kreatur nur einmal laben. Sollte das Ziel sich in einer Runde nicht an einer Kreatur laben, obwohl sich eine sterbende oder tote Kreatur innerhalb von 9 m Entfernung zu ihm befindet, erleidet das Ziel 5W4 Punkte Mentalen Schaden.

Erhöhung (+1) Das Ziel erlangt +1W8 TP zurück, wenn es sich an einem Verbündeten labt, bzw. +1W4 TP anderweitig; der Mentale Schaden steigt um +1W4 Punkte.

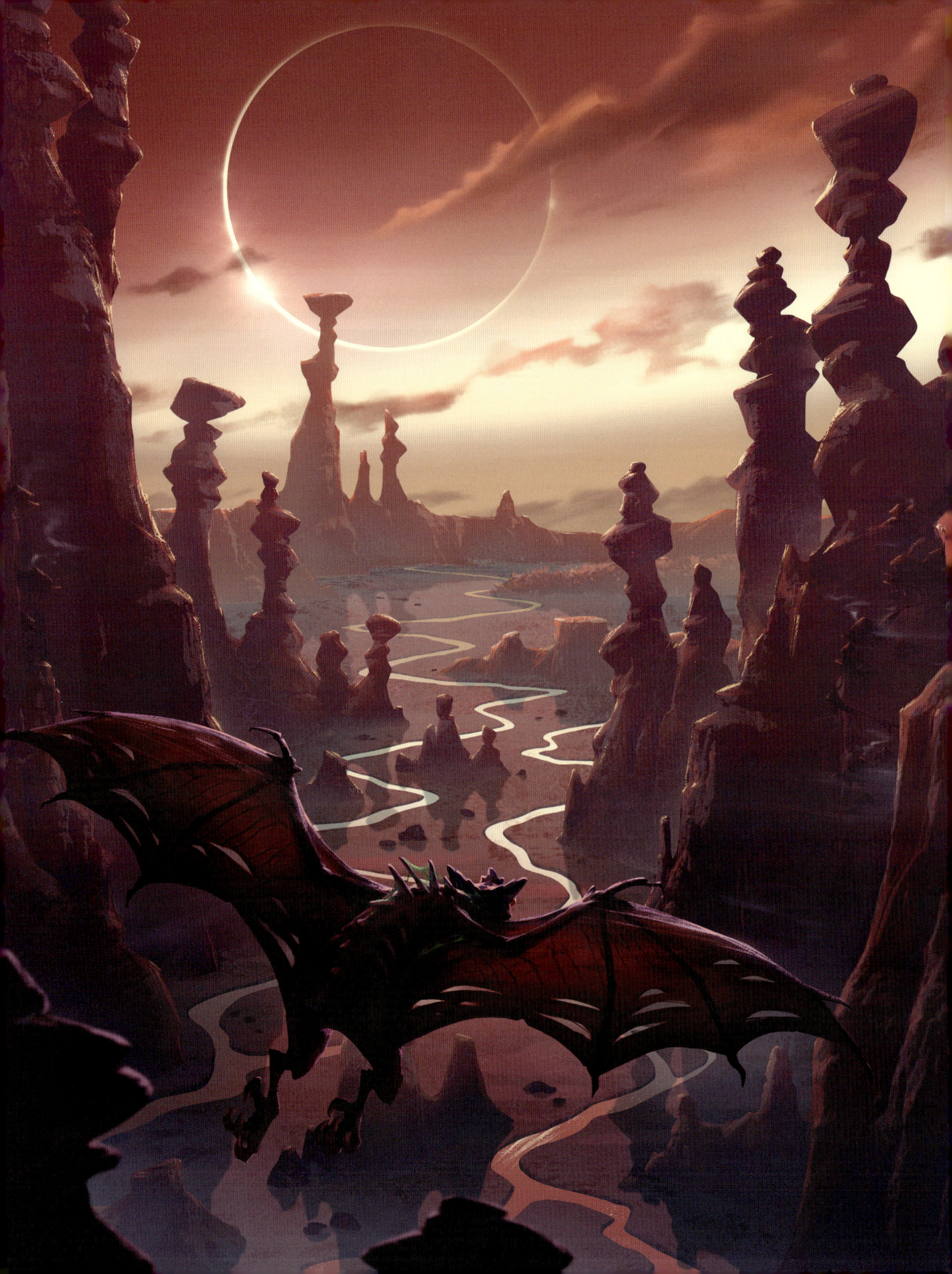

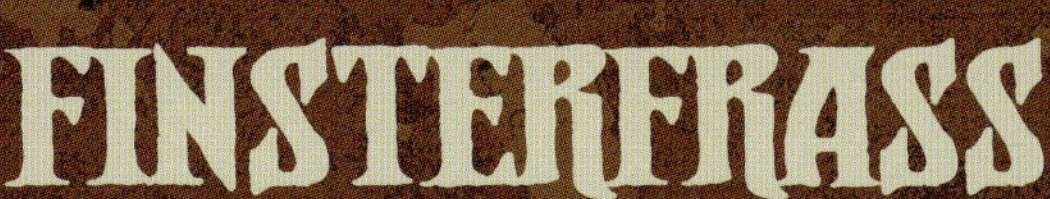

Finsterfrass

Die Lebensweise der Xulgathen
Zevgavizeb
Finsterfraß
Kulte der Finsterlande
Vergessene Halbebenen
Das Erwachen der Kaiju
Für Zauberer...
Magische Gegenstände
Bestiarium

Die Schichten des Abyss sind ohne Zahl und voller Schrecken. Jede einzelne ist ein einzigartiger Albtraum der Zerstörung, der Schmerzen und des Überlebens. Trotz ihrer in ewiger Veränderung befindlichen Geographien und ihrer monströsen Bewohner gibt es recht viel Wissen über viele dieser Reiche wie z.B. Lamaschtus Kurnugia und Pazuzus Hoch-M'vania. Einige, wie Nocticulas nun von dieser verlassene Mitternachtsinseln, sind recht kosmopolitisch und trotz ihrer Schrecken sogar besucherfreundlich. Sterbliche sollten aber nicht annehmen, dass die weniger erforschten Schichten nicht weniger entsetzlich sind oder von ihnen geringere Gefahren für die Materielle Ebene ausgehen könnten. Wahre Gefahr gedeiht dort, wo man zu lange die Türen verschlossen und nicht nachgesehen hat – und Zevgavizebs Reich Finsterfraß ist ein guter Beleg für diesen Ausspruch!

Für Zevgavizebs xulgathische Anhänger ist Finsterfraß ein Paradoxon: Es ist zugleich das urzeitliche Reich ihres Schutzherren, wo auf die Gehorsamen nach dem Tod eine glorreiche Existenz wartet, und ein Ort der Dunkelheit und der Schrecken, den sie in ihren Albträumen sehen, wohin die Schwachen und die Unwürdigen verschleppt werden, um dort von ihrem Gott gefressen zu werden. Die Quellen der Lieder und Mythen der Xulgathen über Finsterfraß sind nicht nur ihre heiligen Texte und die Aussagen ihrer Priester, sondern auch die Träume der Gläubigen während der Zeit des Selbstverschlingens, wenn Zevgavizeb in Finsterfraß erwacht und hungrig durch sein Reich wütet. Während dieser Phasen sendet der Dämonenherrscher psychische Schockwellen durch das Multiversum und inspiriert seine Anhänger auf der Materiellen Ebene, sich im Namen des Herrn der Reptilien sinnlosem Blutvergießen, Kannibalismus und Brudermord hinzugeben. Viele seiner treuesten Diener reisen in dieser Zeit in das Reich ihres Herrn, manche Kraft eigener Magie, andere durch in ihren Träumen enthüllte Portale und wieder andere in den Klauen gnadenloser dämonischer Entführer. Diese auserwählten Besucher nehmen an einem Festmahl und Opferfest gigantischen Ausmaßes unter den Augen ihres Meister teil. Die wenigen Rückkehrer sind für immer verändert und können keinen zusammenhängenden, sinnvollen Bericht des Erlebten abgeben.

Da Finsterfraß' Eigenschaften so fremdartig und den Verstand beeinflussend sind, lässt sich das Reich nicht auf konventionelle Weise erkunden und dokumentieren. Die Bewohner sind heißhungrig und xenophob, die Gefahren allgegenwärtig und Portale, die hinein oder hinaus führen, selten. Trotz dieser Hindernisse besuchen hier und da interplanare Chronisten Finsterfraß und kehren weitestgehend intakt wieder zurück, auch wenn ihre Aufzeichnungen nur schwer zugänglich sind. Zu diesen zählen Tabris' *Buch der Verdammten*, die ungeschwärzte Version der *Kluftwächter-Chroniken: Abyssale Reiche Band 9*, die von den Adepten des Schwarzen Feuers verfassten *Träume der Tiefen* und natürlich der heilige Text der Xulgathen *Schreie des Dschungelmondes*.

Drusilla von Gremory, eine Hohepriesterin des Trelmarixian, welche viele Ebenen des Abyss erkundet hat, indem sie Stellvertreter mit einem Splitter ihres Bewusstseins infizierte, warnt in ihren Schriften: „Nicht jeder Möchtegern-Entdecker verfügt über die Mittel, das Können oder den Verstand, um Finsterfraß zu erkunden. Insbesondere für Sterbliche ist es eine – furchtbar kurze – Reise ohne Wiederkehr. Der Bericht des taldanischen Ritter Alexis Corcindonir unterstützt diese Behauptung; der Edle Alexis war der einzige Überlebende einer Abenteurergruppe, die nach Finsterfraß vorgestoßen ist. Nach seiner Rückkehr aus dem Abyss entwickelte er infernalische Merkmale und einen Geschmack auf das Fleisch der Lebenden. Drei Jahre später wurde er in Oppara nach einer Reihe brutaler, kannibalistischer Morde hingerichtet. Während seiner Verhandlung berichteten seine Kerkermeister, er würde im Schlaf vor sich hin brabbeln und ängstlich von „der Bestie von Finsterfraß" wispern. In einem ähnlichen Fall verschwand die Ganzi-Kluftwächterin und Zauberin Vestrivinia Kalithar während eines Einsatzes im Abyss und kehrte erst nach dreihundert Jahren zurück. Ihre Sinneswahrnehmung hatte sich derart verändert, dass die Materielle Ebene ihr zu seltsam und fremdartig schien, sodass sie sich nach Galisemni im Mahlstrom zurückzog. Dort lebt sie abgeschieden von der Öffentlichkeit und überlegt, ihren Namen auf die Mauer des Vergessens zu schreiben, auf dass ihre Erinnerung an die markerschütternden Erfahrungen gelöscht werde. Sie spricht nur selten über ihre Zeit in Finsterfraß – und dann eher in gutturalen Lauten und unvollständigen Gedanken.

Die Höhlenwelten von Finsterfraß

Finsterfraß zählt zu den ältesten und tiefsten unter den katalogisierten Schichten des Abyss. Das Reich besteht aus wenigstens 19 Haupthöhlen, wobei Erkenntnismagie darauf hinweist, dass es möglicherweise auch doppelt so viele geben könnte, die teils absichtlich versiegelt, teils mittels traditioneller Ebenenreisen nicht erreichbar oder auch einfach noch nicht erkundet sind. Manche sind so groß wie Kontinente, andere haben die Größe ganzer Planeten. Jede hat grob die Form einer Hohlkugel mit einer brennenden, künstlichen Sonne in ihrem Herzen. Jede dieser Sonnen dreht sich in einem ganz eigenen Zyklus, was zu stark variierenden Umgebungen führt. Der Schwerkraftvektor in jeder Höhle ist von der Sonne weggerichtet, sodass die Bewohner auf der Innenseite der Hohlwelten leben. Manche Himmel ähneln der Materiellen Ebene, andere sind weitaus fremdartiger, so gibt es wenigstens zwei Höhlen voller Ozeane, welche das gnadenlose Licht der dortigen Sonnen filtern. Auch Zeit ist für jede Höhle relativ – wo eine fleischfressende Pflanze in der einen Höhle Jahrtausende benötigen könnte, um zu erblühen, könnten in einer anderen im Laufe eines Tages Imperien entstehen und fallen. Zwischen den zugänglichen Höhlen gibt es nur eine Handvoll Verbindungstunnel und Portale.

Jede Höhlenwelt ist die Heimat eines breiten Spektrums an Kreaturen, von denen viele Bittsteller, Dämonen und Halbscheusale oder dämonenberührte Sterbliche aus Zevgavizebs Anhängerschaft sind. Jeder vergossene Blutstropfen und jeder Wutschrei erfolgt hier zum Ruhme des Dämonenherrschers, welcher im Gegenzug die Schwachen ausmerzt und die Überlebenden mit immer fortlaufenden Verwandlungen stärkt. Dieser Prozess ist weitaus effizienter als die natürliche Evolution und gelenkt von der unberechenbaren Hand eines bösartigen Halbgottes. Am Ende dieser brutalen Perioden des Gemetzels und der Verbesserungen – dem sogenannten Selbstverzehren, wie es in den heiligen Texten der Xulgathen beschrieben wird – steigt Zevgavizeb selbst in eine der Höhlenwelten herab und frisst ihre Bewohner. Der Herr der Reptilien lässt den Stern im Herzen der Höhle sodann zur Nova werden, was alles Leben in der Höhlenwelt zu Asche verbrennt. Doch schon bald erblüht dort eine neue Generation verderbten infernalischen Lebens, nur um von ihrem Herrscher wieder zerstört zu werden. Mit jedem Zyklus aus zornigem Hunger und selektiver Zerstörung wächst Zevgavizebs Macht und kommt er seinen unergründlichen Zielen einen weltenerschütternden Schritt näher.

Auf den folgenden Seiten findest du Einzelheiten zu einigen der entsetzlichen Höhlenwelten nach den Berichten jener wenigen mächtigen Entdecker, die halbwegs mit intaktem Verstand diesen Albtraumreisen entrinnen konnten…

XULGAVOOR

Xulgavoor zählt zu den größten der Höhlenwelten und verkörpert, wie die Xulgathen im Allgemeinen Finsterfraß wahrnehmen – es ist eine endlose unterirdische Wildnis, in der nur die stärksten länger überleben. Diese Hohlwelt enthält einen strahlengelben Pseudostern, der heiß und hell über einem gewaltigen, von breiten, gewundenen Flüssen durchzogenen Dschungel steht. Der Dschungel ist wild und dicht. Hier leben Dinosaurier und alle Arten dämonenberührter erdgebundener Raubtiere. Die humanoiden Ansiedlungen werden von drei mächtigen Xulgathenreichen und den Ruinen eines vierten, nun zerstörten Königreiches beherrscht. Die Populationen der zerstrittenen Reiche sind im Grunde identisch und weder entlang ethnischer Linien zerrissen noch durch theologische Unterschiede zu völkermordenden Konflikten getrieben. Die Parteien unterscheiden sich im Grunde nur durch die Farben ihrer Banner und Kriegsbemalung: Das Gelege des Herzens-zwischen-Zähnen nutzt Blutrot, das Gelege der Messerklaue Indigo und das Gelege des Brennenden-Dritten-Auges Orange.

Vom Dschungelboden her wirkt Xulgavoors Sonne verblasst und dunstig rot – dies ist das Resultat der fast pausenlosen Brandrodungen durch die einheimischen Xulgathen, mit denen sie gegen das Vordringen des Dschungels ankämpfen. Andernfalls würde der Urwald ihre Straßen zurückerobern, ihre Armeen behindern und schlussendlich ihre großen, ausgedehnten Steinstädte einnehmen. Aus der Asche des verbrannten Dschungels holen die Xulgathen alle Arten pflanzlichen und tierischen Dämonenlebens, um ihre brutalen Gelüste anzutreiben.

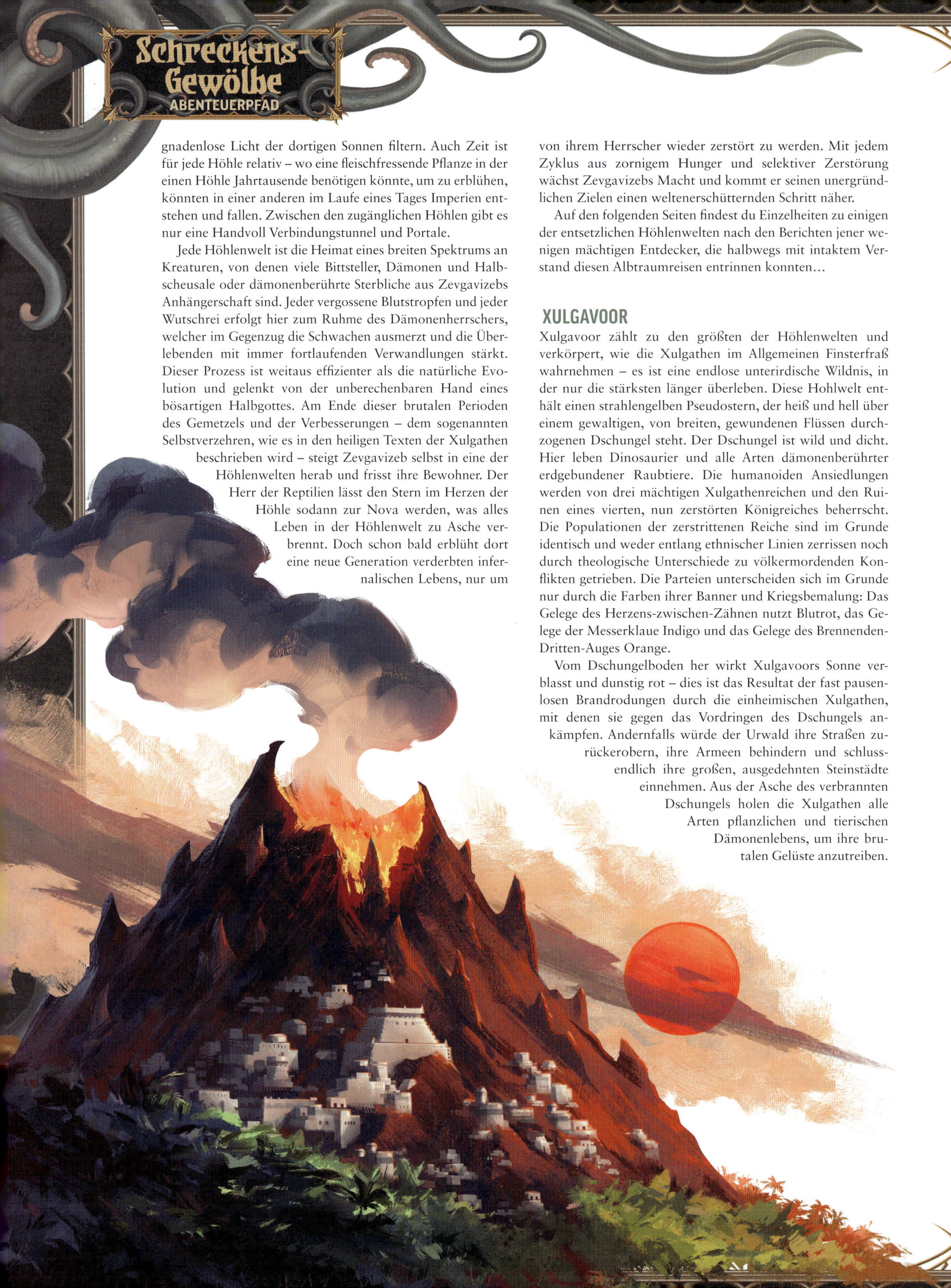

Insbesondere Dinosaurier sind hochgeschätzte Annehmlichkeiten. Die Xulgathen domestizieren eine große Vielfalt von ihnen (oder versklaven sie auf magische Weise) und nutzen sie beim Erbauen ihrer Städte und Befestigungen oder als Kriegsbestien.

Das Herz-zwischen-Zähnen-Gelege wird von dem xulgathischen Halbsukkubus-Zauberer Xeverius Glanzauge angeführt, der gern von Dinosauriern mental Besitz ergreift und für Selbstmordattacken auf feindliche Territorien nutzt. Das Messerklauen-Gelege wird von dem Xilvirek Corzof dem Verstümmelten angeführt, diesem fehlt ein Arm, welcher seiner Aussage nach vor Jahrtausenden von einem großen infernalen Drachen anderswo im Abyss gefressen wurde. Und das Gelege des Brennenden-Dritten-Auges wird von einer Gestalt beherrscht, die nur als „der Fresser“ bekannt ist; seine Wünsche werden von einer Gruppe dreiäugiger xulgathischer Mystiker übermittelt, welche als einzige zu ihm in den Tiefen jenes köchelnden Vulkans vorgelassen werden, auf dessen Hängen die Hauptstadt dieses Landes, Dämmerberg, errichtet wurde. Die Xulgathen des Brennende-Dritten-Auges kontrollieren zudem gegenwärtig den Zugang zum einzigen bekannten natürlichen Portal, das aus Xulgavoor hinausführt; dieser schmale Weg wird von allen Beteiligten des seit äonenwährenden Konfliktes zwischen den Gelegen verzweifelt begehrt.

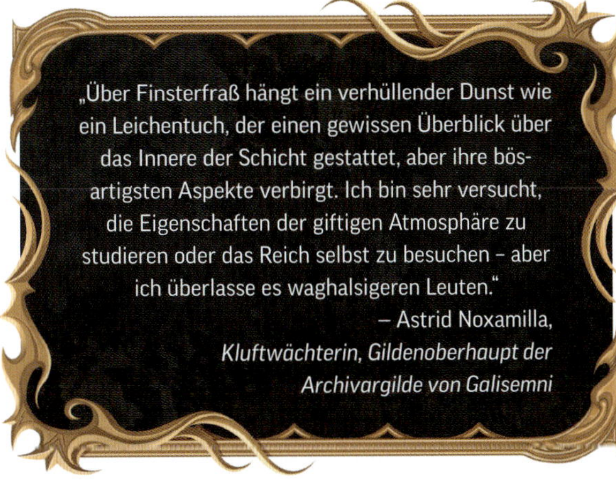

„Über Finsterfraß hängt ein verhüllender Dunst wie ein Leichentuch, der einen gewissen Überblick über das Innere der Schicht gestattet, aber ihre bösartigsten Aspekte verbirgt. Ich bin sehr versucht, die Eigenschaften der giftigen Atmosphäre zu studieren oder das Reich selbst zu besuchen – aber ich überlasse es waghalsigeren Leuten.“

– Astrid Noxamilla, *Kluftwächterin, Gildenoberhaupt der Archivargilde von Galisemni*

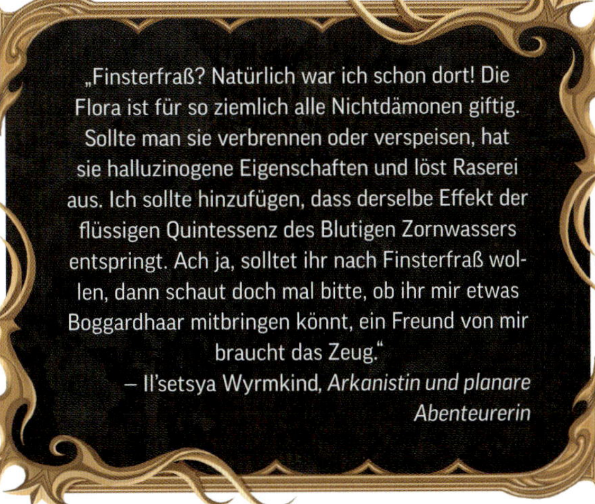

„Finsterfraß? Natürlich war ich schon dort! Die Flora ist für so ziemlich alle Nichtdämonen giftig. Sollte man sie verbrennen oder verspeisen, hat sie halluzinogene Eigenschaften und löst Raserei aus. Ich sollte hinzufügen, dass derselbe Effekt der flüssigen Quintessenz des Blutigen Zornwassers entspringt. Ach ja, solltet ihr nach Finsterfraß wollen, dann schaut doch mal bitte, ob ihr mir etwas Boggardhaar mitbringen könnt, ein Freund von mir braucht das Zeug.“

– Il'setsya Wyrmkind, *Arkanistin und planare Abenteurerin*

Gatha'schal

Jene Höhlenwelt mit der unterschiedlichsten Population ist ein seichter Brackozean mit kontinentgroßen Mooren, Salzmarschen und Sümpfen. Die Strahlen der brennendweißen Sonne durchdringen nur selten die dichte Wolkendecke über der inneren Oberfläche der Hohlwelt und die darunterliegenden Wipfeldächer über den Sumpflanden oder die dichte aquatische Vegetation in waldfreieren Regionen.

Die Meere sind seicht und gefüllt mit Schichten salzwasserangepasster Pflanzen. Reisen in Gatha'schal sind langsam und gefährlich; scheinbar stabile Sandebenen neigen zum Einbrechen, sodass Reisende in darunterliegende wässrige Tiefen stürzen, und die verstrickende Vegetation macht Bootsreisen zu einer fast unmöglichen Qual. Im Wasser jagen riesige, dämonische Krokodile, gibt es einzigartige Dinosaurierarten und in den tiefsten Tiefen lauern gepanzerte Bullenhaie. Dazu kommen eine fast überall vorkommende, intelligente Abart der Vipernranke, welche die Einheimischen „Boggardhaar“ nennen, und eine Spezies am Meeresboden hausender Isopoden; die Aukaschungi stürmen zuweilen aus den Tiefen an Land wie amoklaufende Aasfresser des Meeres in ihrer ganz eigenen Version des Selbstverschlingens.

Trotz der unsäglichen natürlichen Gefahren und einheimischen Raubtieren, gibt es in Gatha'schal hinreichend intelligente Kreaturen, darunter amphibische Xulgathen, Boggards, Iruxis und Saurianer – Sterbliche und Bittsteller -, sowie Xilvireks und andere Dämonen. Große Bevölkerungszentren erheben sich aus den Sümpfen und auf Inseln in den vergleichsweise seichten Meeren – diese Inseln sind weitestgehend künstlicher Natur und bestehen aus Schichten über Schichten von Leichen, die ins Wasser geworfen wurden.

Im starken Gegensatz zum Großteil der anderen Höhlenwelten von Finsterfraß ist Gatha'schal weitestgehend frei von den andauernden selbstzerstörerischen Kriegen, welche die anderen infizieren. Der Grund dafür ist ein gewaltiger interplanarer Riss, welcher sich vor gut einhundert Jahren über einem der Meere geöffnet hat und eine direkte Verbindung zu einer Welt auf der Materiellen Ebene darstellt. Die Bewohner der Höhlenwelt interpretierten dies als Akt göttlicher Gnade und Aufforderung – sie taten sich unter dem uralten xulgathischen Tiefensprecher und Halbbalor Veleschavoth Aschegestank zusammen, durch das Portal zu schwärmen und die andere Seite zu erobern. Auf der Materiellen Ebene versklavte diese Horde Millionen von Sterblichen, welche sie als Vieh und Opfergaben zurück nach Gatha'schal schleppten.

Die Hauptstadt der Welt, Azdrevendis, ist ein Zeugnis dieser brutalen Allianz in der Nahe des immer noch klaffenden, 15 Kilometer langen Dimensionsrisses, welcher die Straßen und den umliegenden Sumpf mit stumpfem, vielfarbigem Leuchten erfüllt. Durch den Eroberungsfeldzug reich geworden, ist die Stadt auf das Dreifache ihrer früheren Größe angeschwollen dank der Dämonen und dämonischen Xulgathen auf der Durchreise zum Portal und ihrer der Rückkehr mit zahllosen sterblichen Gefangenen. Die meisten dieser versklavten Sterblichen werden nach Finsterfraß' Haupthöhlenwelt, Zevgessos, exportiert, wo sie Zevgavizeb geopfert werden; ein paar werden auch auf Azdrevendis' 300 m hhher Tempelpyramide geopfert, welche aus einem Obsidianblock gehauen wurde. Nur die mysteriösen Seher des Schwarzen Steins, die Hüter des Tempels, wissen, wie der wertvolle Obsidian in dieses feuchte Reich gekommen ist.

UROTHESS

Die Höhlenwelt Urothess ist ein Land der Savannen. Zwischen hohem, messerscharfem purpurweißem Gras streifen zahllose Rudel dämonischer Raptoren und andere kleine Dinosaurier. Felsige rote Hochebenen mit vertikalen Klippen unterbrechen die ansonsten flache Landschaft und können kilometerweit erblickt werden. Um den Raubtieren der Graslande aus dem Weg zu gehen, ist Fliegen die Hauptmethode, jedoch sind auch am Himmel Schwärme fleischfressender Scheusale unterwegs. Die erfahrene extraplanare (und trinkfeste) Entdeckerin Il'setsya Wyrmkind aus Galisemni kann Reisenden einige Ratschläge geben (gegenwärtig hält sie sich viel im Schankraum von Jensintaner Gebräue und Mehr auf): „Teleportation ist nützlich. Und vergesst nicht Unsichtbarkeit. Aber ohne *Federfallringe* würde ich keinem raten, Urothess zu besuchen."

Der Himmel und die Hochebenen werden von Yoma Peitschenwind beherrscht, einer gigantischen Vavakia, eine Dämonin mit dem Unterleib eines Dinosauriers, einem humanoiden Torso und gewaltigen drakonischen Schwingen. Yoma besitzt vogelartige Merkmale und gibt einen hypnotischen, den Verstand beeinflussenden Gestank ab. Ihre Herrschaft erstreckt sich über Städte auf den Hochebenen und Xilvireks der Hohlwelt, aber nicht die Savanne selbst. Die Dämonen, Bittsteller und dämonischen Xulgathen unter Yomas Herrschaft haben allesamt Flügel oder magische Flugfähigkeiten entwickelt. Die himmelhohen Hochebenen sind aber nicht Urothess' einzige topographischen Unregelmäßigkeiten: Die endlose Savanne ist von gewaltigen und scheinbar bodenlosen Schluchten durchzogen, von denen immer wieder welterschütternde Erdbeben ausgehen. Zuweilen spucken diese Schluchten auch Wellen verformter Monstren aus, die man nur vage als Qlippothen erkennen kann. Neben Schwärmen ungezieferartigen Nyogothen und schlangenhaften Gorgoroi speien die Schluchten ab und an auch kolossale, starkmutierte und kränkliche Catabolignen aus. Die Qlippothen erklimmen stur die Klippen und greifen mit unaufhaltsamer Zerstörungswut die Städte an. Die Ursprünge dieser Qlippothen und der Grund ihres Auftauchens sind ein Rätsel. In ihren Aufzeichnungen hat Astrid Noxamilla vermerkt, dass die Schwärme möglicherweise Überreste der Ewigkeiten zurückliegenden Kriege zwischen Dämonen und Qlippothen sind: „Das häufige Auftauchen der Qlippothen legt nahe, dass entweder eine Verbindung zu einer angrenzenden abyssalen Schicht in Qlippothenhand, zu Yhidothrus' Gewundenen Pfaden oder einer versiegelten, nur von Qlippothen bevölkerten Höhlenwelt besteht. Weitere Exkursionen der Kluftwächter sind erforderlich, um diesen Hypothesen nachzugehen.

VORAT'KUL

Die kleinste erkundete Höhlenwelt von Finsterfraß ist ein windgepeitschtes, felsiges Ödland, aus dem mehrfarbige Sandsteinpfeiler ragen. Darüber scheint ein flackernder, schmuddeliger Stein, welcher tiefe, purpurne Schatten über das Land wirft.

Trotz des Einfallsreichtums der hier hausenden dämonischen Xulgathen verhindern die langen Nächte, in denen sich ein großer blauer Mond vor die Sonne schiebt, dass sie große Gebiete erobern. Während dieser monatelangen Zeiten der Dunkelheit verfallen die xulgathischen Enklaven in Panik und Schrecken, während Quraschithschwärme aufsteigen und alles verspeisen, was sie finden können. Während der Monate, an denen Tageslicht herrscht, schlummern die Quraschithen in den dunklen, verborgenen Spalten der labyrinthartigen Karste und gewundenen Klippen, sodass es den Xulgathen unmöglich ist, diese Raubtiere vor dem Einbruch der nächsten Nacht auszurotten. Die zyklischen Festmähler der Quraschithen generieren einen Teppich aus Knochen und halbverdauter Seelenmaterie in den Spalten. Oberhalb dieser Spalten hausen Vorat'kuls Bewohner in verborgenen und schwerbefestigten Burgen auf den Klippen und tief in den Felsen gegrabenen Städten.

In der desolaten und hochgefährlichen Öde von Vorat'kul liegt der Wispernde Schädel, ein gewaltiger, versteinerter Schädel eines titanischen und namenlosen Qlippothen oder Qlippothherrschers. Sein Tintenfisch-Skorpion-Schwammkörper ist längst zerfallen, hat aber einen leeren, hohlen Eindruck im umliegenden Sandstein hinterlassen. Die Xulgathen sehen in dieser Stätte ein Monument der Macht Zevgavizebs und glauben, es repräsentiere den Ort, an dem sich ihr Herr von einem Qlippothherrscher zu einem Dämonenherrscher verpuppt hat. Daher pilgern gläubige Xulgathen trotz der Gefahren im Freien aus angrenzenden Höhlenwelten hierher. Drusilla von Gremory konnte diese Pilger selbst beobachten und in einem ihrer zahllosen Reiseberichte schildern. „Die Xulgathen verehren den Schädel aus der Ferne, wobei sie sich ihm nur so weit nähern, dass sie die irrationalen Albträume erleben, die von ihm ausgehen. Der Schädel gibt ein anderthalb Kilometer weites psionisches Heulen von sich, das nicht von Triumpf kündet, sondern voller Furcht und Verzweiflung über Verrat ist. Innerhalb von einhundert Metern sind die Schreie tödlich – der Schädel implodiert und die Seele wird zerstört. Entsprechend sind der Schädel und der Abdruck des Körpers ein weiteres großes und tödliches Mysterium, wie man viele in den Tiefen von Finsterfraß findet."

ZEVGESSOS

Jeder der Höhlenwelten von Finsterfraß besitzt eine direkte Verbindung zu Zevgessos, dem Land des Dschungelmondes. Die Wohnstatt des Herrn der Abyssschicht ist größer als die anderen Höhlenwelten und besitzt keine Sonne. Stattdessen hängt ein gewaltiger flackernder Mond am Himmel; dieser ewige Vollmond generiert irgendwie eigenes, schwaches Licht. Die Oberfläche ist ein einziger immergrüner Dschungel, welcher dem Mondlicht einen fahlen Grünschimmer verleiht, der bestens zu der verhängnisvollen, brennenden Strahlung passt, die vom Kern des Mondes ausgeht. Diese Strahlung erfüllt Zevgessos und dringt durch das Gestein auch in die umliegenden Höhlenwelten. Die Strahlung hat eine seltsame Wirkung auf Wesen, welche Dunkelsicht nutzen – normalerweise würden sie Zevgessos nur in Schwarz- und Weißschattierungen sehen, doch dank der Strahlung sehen sie hier in Farbe, wobei ein magenumdrehender Grünton vorherrscht. Dieses Grün dürfte den Namen von Zevgavizebs ursprünglichem Heiligem Text inspiriert haben – *Schreie des Dschungelmondes*.

Die Strahlung ist derart durchdringend und überwältigend, dass es in Zevgessos nahezu keine permanenten Ortschaften gibt. Die hiesigen Massen an Dämonen, Bittstellern und infernalen Xulgathen sind allesamt Durchreisende, die im Grunde nur zu zwei Anlässen den metaphorischen Thronsaal des Dämonenherrschers besuchen: Um Opfer darzubringen oder selbst geopfert zu werden. Jenseits der blutigen Altäre zu Ehren der Bestie von Finsterfraß ist Zevgessos ein Ort der Schrecken und der entsetzlichen Rückstände des äonenlangen Konfliktes zwischen Qlippothen und Dämonen – aus diesen Überresten lässt sich eine grobe Chronologie bis zurück in die Tage Zevgavizebs als Qlippothherrscher ableiten.

Das Land des Dschungelmondes wird durch kochende, mystische „Flüsse“ unterteilt, die Blutigen Zornwasser. Diese blutroten Wasserwege entspringen den monströsen, kilometerhohen Opferplattformen; diese sind urbane Höllenlandschaften und das Ziel der Pilger und ihrer zahllosen unglückseligen, sterblichen Opfergaben. Geopfert werden Kriegsgefangene aus anderen Höhlenwelten, aus anderen Abyssschichten verschleppte Fremde und auf der Materiellen Ebene eingefangene Unschuldige. Sie werden zu Tausenden unter dem allgegenwärtigen Auge Zevgavizebs abgeschlachtet, dem seine Gläubigen ansonsten völlig egal sind.

Der blinde Saurianermystiker und Zevgavizebpriester Aezhelsis Dämmerauge war während einer Selbstverschlingung bei einem dieser Opferfeste zugegen und beschreibt seine Erfahrung anhand der Geräusche und Gerüche; sein Bericht ist Teil mancher zevgavizeber Apokryphen:

Der Blutgeruch ist überwältigend, der metallische Geschmack liegt auf der Zunge. Jeder Atemzug ist, als trinke man aus einer blutenden Wunde. In der Luft liegt Schrecken und spielt meisterhaft auf den Harfensaiten des Gehirns. Da sind Schreie, der Klang einer Klinge, die durch Fleisch schneidet, und von Zähnen, die Knochen knacken. Dann ist einen Moment lang Stille, ehe der nächste in der Schlange getötet wird, um Zevgavizeb zu sättigen.

Der Sitz der Macht des Dämonenherrschers, der Dschungelmond, ist nahezu unerkundet, da Wellen mentaler Agonie den Verstand jedes Wesens angreifen, das sich dem schlummernden Zevgavizeb nähert. Tabris der Chronist hat die einzigen bekannten, wenn auch kryptischen, Details zum Dschungelmond in seinem *Buch der Verdammten* niedergeschrieben: „Selbst hier singen die Sieben / Echos der Chrysalis und der Katastrophe / Versprechen und Paradox.“ Tabris deutet an, dass unter der Mondoberfläche ein hohles Inneres läge und sich im Herzen des Mondes der „Quell des Korrodierenden Flüsterns“ läge, ein Relikt oder Ort, der älter als Finsterfraß ist und von Zevgavizeb noch als Qlippothherrscher übernommen wurde. Tabris beschreibt nicht, worum es sich dabei handelt, seine Worte legen aber nahe, dass dieser Quell für Zevgavizebs Wandlung vom Qlippothen zum Dämonenherrscher verantwortlich sein könnte. Möglicherweise verleiht er ihm und seinen Plänen immer noch Kraft – zum Leidwesen des unwissenden Kosmos…

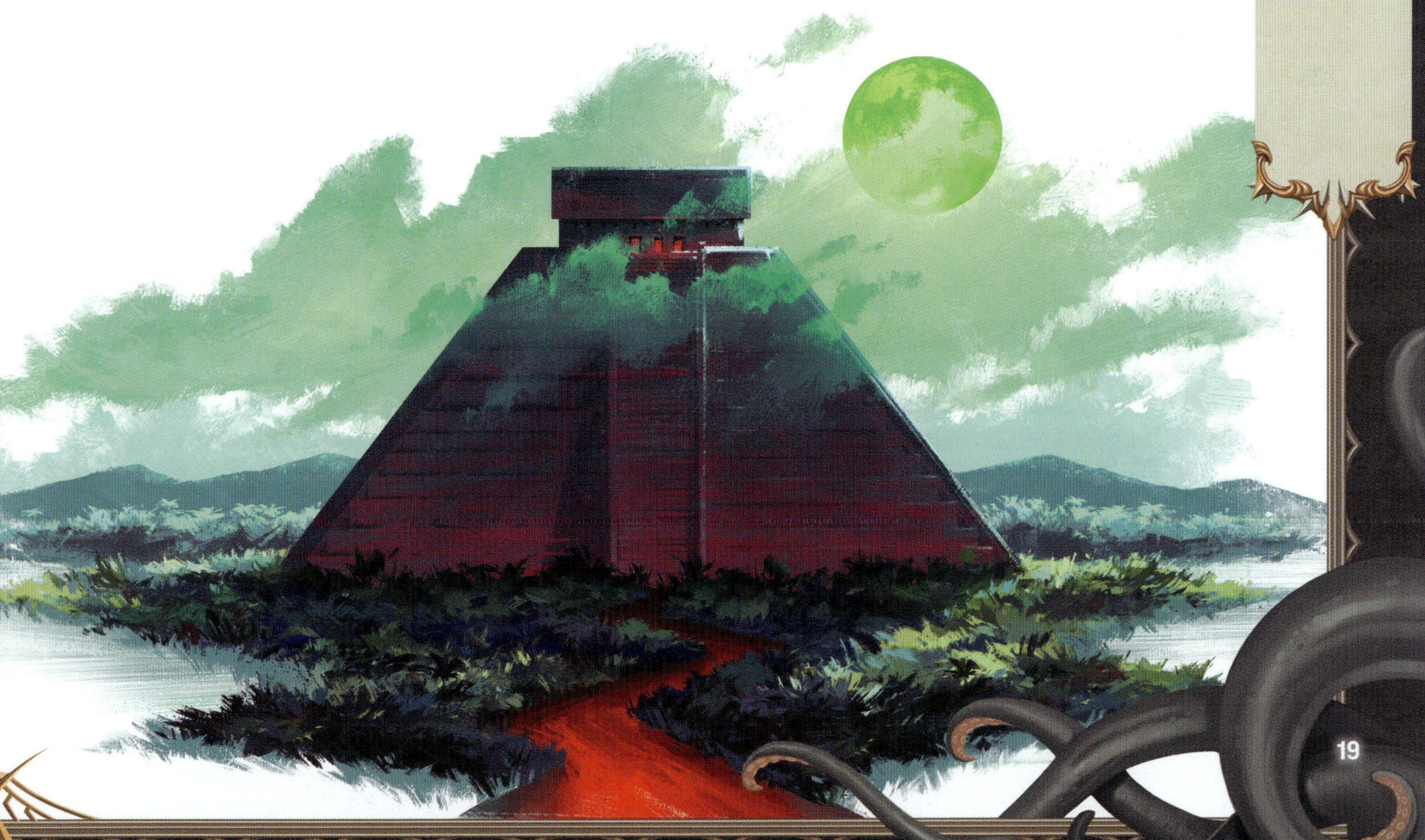

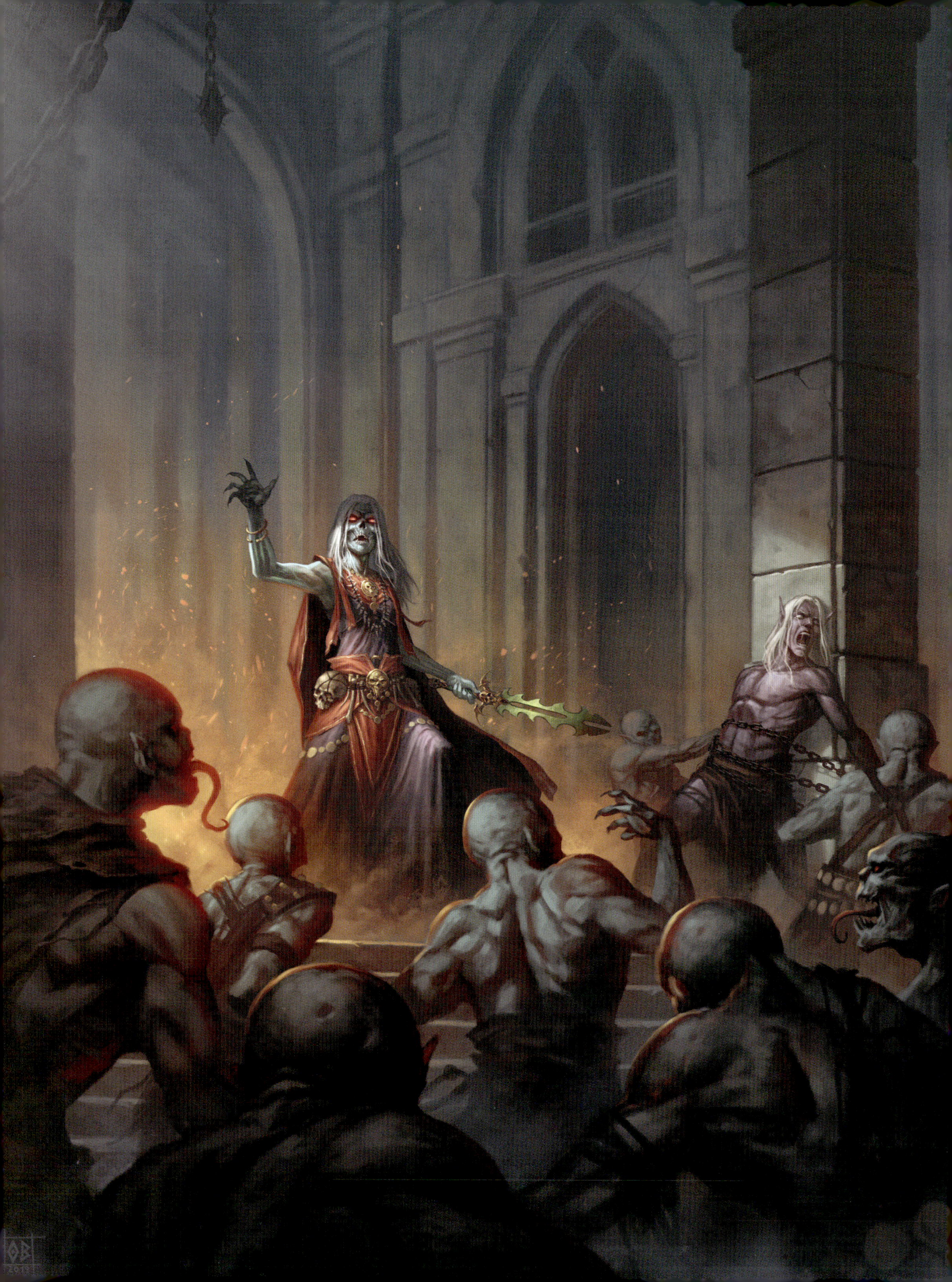

KULTE DER FINSTERLANDE

Sogar in den tiefen und lichtlosen Orten von Golarion gibt es diejenigen, die sich nach einer noch tieferen Dunkelheit sehnen. Nicht alle Dunkelelfen sind damit zufrieden, ihren dämonischen Meistern zu dienen und gegen rivalisierende Familien Pläne zu schmieden; nicht alle Duergar schwelgen in Droskars Mühe oder frönen der Sklaverei. Oberflächenbewohner denken oft an die Gesellschaften der Finsterlande als monolithische Gruppen, die aus stereotypischen Individuen bestehen, aber tatsächlich ist es so, dass selbst in den kalten Tiefen der Welt alle Gesellschaften Mitglieder haben, die von den moralischen und religiösen Normen ihrer Kultur abweichen. Oft führen diese Außenseiter ein isoliertes Leben und agieren am Rande ihrer Zivilisation, solange sie toleriert werden oder überleben können. Gelegentlich finden solche Außenseiter in größeren Zahlen zusammen und schaffen sich so eine gewisse Sicherheit, was wiederum andere anzieht, die ihre ketzerischen Ansichten teilen oder einfach ein anderes Leben suchen. Wenn sie mutiger und selbstbewusster werden, werden diese Gruppen oft zu Rebellen (wenn ihre Differenzen politischer Natur sind), Fanatikern (wenn die Religion ihr Motivator ist) oder beidem.

Während das Wort „Kult“ viele Bedeutungen haben kann, wird ein Kult für die Zwecke dieses Artikels als eine Gruppe gleichgesinnter religiöser Anhänger einer rivalisierenden Macht (wie einer Gottheit oder eines mächtigen extraplanaren Wesens) definiert, die aktiv gegen den vorherrschenden Glauben der lokalen Gesellschaft arbeitet. Einige Duergar, die sich von Droskar abgewandt haben, um heimlich einen Himmlischen Herrscher zu verehren, mögen Ketzer sein. Aber in diesem Zusammenhang werden sie erst zum Kult, wenn sie auch damit beginnen, die Pläne ihres Clans zu untergraben und ihre eigenen Ziele voranzutreiben.

Nicht alle Kulte sind feindlich; sie können bösartig oder gutartig sein. Dies gilt insbesondere in den Finsterlanden, wo die mächtigsten Gesellschaften oft böse Wesen verehren und es die Randkulte sind, die versuchen, ihren Angehörigen Frieden oder Güte zu bringen. Zu anderen Zeiten mögen Kulte der Finsterlande immer noch abscheuliche Absichten haben, aber da sie gegen die größeren Machtstrukturen ihres Volkes ausgerichtet sind, können sie für Abenteurer von außen als Komplizen dienen.

Auf den folgenden Seiten werden vier Kulte aus den Finsterlanden und ihre Anführer vorgestellt, ihre Geschichte und ihre Ziele beschrieben, sowie ihre Methoden beleuchtet, mit denen sie diese Ziele erreichen wollen.

Andere Kulte der Finsterlande

Neben den vier hier aufgeführten Gruppen existieren viele andere Kulte, die in den verschiedenen Gesellschaften der Finsterlande existieren.

Über und unter Golarion verstreut haben eine Reihe von ketzerischen Sekten und alchemistischen Kabalen unabhängig voneinander eine mögliche Verbindung zwischen dem legendären Schwarzen Blut von Orv und einer giftigen Verseuchung namens Schwarzfrost entdeckt, die in den polaren Weiten der Oberflächenwelt gefunden wurde. Diese unabhängigen Denker glauben alle, dass beide giftigen Substanzen Anzeichen dafür sind, dass Rovagugs Gefängnis im Inneren Golarions versagt. Im Laufe der Jahrtausende wurden verbotene Schriften und geheime Forschungen über den möglichen Zusammenhang in Umlauf gebracht, kommentiert, verloren und wiederentdeckt. Diese Erkenntnisse wurden schließlich in einer losen Sammlung von Seiten zusammengestellt, die als die Schriftrollen von Ascheyen bekannt sind. Anhänger von Ascheyen sammeln, studieren und konsumieren sogar Schwarzfrost und Schwarzes Blut. Mit der Hilfe dieser unabhängigen Gruppen in den Finsterlanden und sogar einigen, die im eisigen Land der Krone der Welt leben, könnten diese kunterbunten Abweichler zu einer mächtigen, weltumspannenden Bedrohung werden, wenn sie von einem charismatischen Anführer angeführt werden.

Selbst relativ gutartige Gemeinschaften in den Finsterlanden sind nicht immun gegen die Korruption abweichender Überzeugungen. Die geheimnisvolle, von Svirfneblin regierte Stadt Dwimovel in Nar-Voth gilt seit Langem als sicherer Zufluchtsort für eigensinnige Oberflächenbewohner und Asylsuchende der Finsterlande, und doch lauern inmitten dieser Oase des Friedens Verräter, die bereit sind alles zu riskieren, um die Unsterblichkeit zu erlangen. Der Kult des Ewigen Geistes glaubt, dass die Kosten des Untodes zu hoch seien, und sucht einen anderen Weg zum ewigen Leben: die alchemistische Erhaltung des Körpers, gefolgt von der Übertragung des Geistes in ein neues Gefäß, wenn die Erhaltung fehlschlägt. Dieser Kult hat in den letzten Jahren eine Reihe von Führern kommen und gehen sehen. Die derzeitige Anführerin, eine berechnende Anbeterin von Haagenti namens Pitir Gimmenthal, hat bisher das Schicksal ihrer Vorfahren vermieden, indem sie vertrauenswürdigen Untergebenen erlaubte, die ersten Dosen unbewiesener Gebräue zu testen, anstatt sie selbst zu probieren.

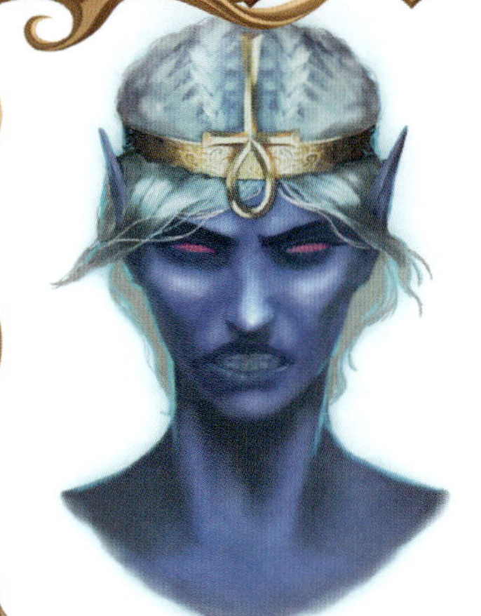

Kult der Gesichtslosen Sphinx

GEHEIME EINFLUSSNEHMER AUF OSIRIONS VERGANGENHEIT UND GEGENWART

Kernglaube: Die Rückkehr der Äußeren Götter wird die Feinde des Kults vernichten
Anführer: Mafaere Alonsyn (CB Dunkelelfische Geisterhafte Hexe)
Typische Mitglieder: Dunkelelfen, Sklaven der Dunkelelfen (besonders Orks, Kobolde und Calignis)
Anbetungsobjekte: auf den Kopf gestellte Ankhs, schwarze Steinstatuen der Gesichtslosen Sphinx
Sektenstandorte: Delvingulf, Sothis, Zirnakaynin
Typische Rituale: Sonnenfinsterniszeremonien, Lebendopfer

Die Oberflächennation Osirion ist ein uraltes Land, dessen Geschicke im Laufe der Jahrhunderte zu- und abgenommen haben. An mehreren wichtigen Punkten in ihrer Geschichte veränderte das Erscheinen einer einzigen mächtigen Figur das Schicksal der Nation: Der erste Pharao Azghaad, unterstützt von dem Gott Nethys; der Pharao der vergessenen Plagen; der unbestechliche Pharao An-Hepsu XI. und viele andere veränderten den Lauf der Geschichte von Osirion zum Guten oder zum Schlechten. Doch nur wenige wissen von dem bösartigen, allgegenwärtigen Einfluss, der in Osirion seit jeher die Fäden gezogen hat: dem Äußeren Gott, der am gängigsten als Nyarlathotep bekannt ist.

Als einziger unter den Äußeren Göttern geruht Nyarlathotep, die Handlungen der Sterblichen sowohl über als auch unter Golarions Oberfläche zu stören. Aus unbekannten Gründen hat das gefürchtete Wesen ein besonderes Interesse am Fortschritt von Osirion und seinem Volk. In seinem als Schwarzer Pharao bekannten Aspekt ist er vielen Anführern des alten Landes erschienen – einige flüstern, dass er sogar hinter dem Aufstieg des aktuellen Rubinprinzen stünde. Doch selbst die größten Verschwörungstheoretiker können sich nicht vorstellen, dass Nyarlathoteps Missionare nicht nur über dem Sand, sondern auch tief unter ihm arbeiten.

Vor Jahrhunderten erlangte eine gebürtige Zirnakaynin namens Mafaere Almonsyn aus dem Haus Dolour in ihrem Haus einen beachtlichen Status. Doch am Vorabend ihrer Machtübernahme nahm ihr der Attentäter eines rivalisierenden Hauses unrühmlich das Leben, während sie im Schlaf wehrlos war. Ihre Wut überstieg die natürliche Ordnung und Mafaere erhob sich als Geist, um sich an den Verrätern zu rächen. Beinahe hätte sie das rivalisierende Haus ausgelöscht, aber einem einfachen Hausmädchen namens Falaim gelang die Flucht und sie suchte vor dem hungrigen Geist an einem Ort Zuflucht, von dem nur wenige Dunkelelfen auch nur zu träumen wagten: die Oberwelt. Insbesondere versteckte sich Falaim zwischen den Handelskarawanen und Nomaden der osirischen Wüste, wo sie einen Vourinoi-Elfen traf, der ihr half, ihr Leben zu ändern und für ihre vergangenen Taten zu büßen.

Mafaere tobte über ihr eigenes Versagen und zerstörte sich vor Schmerz fast selbst. Aber wo sie Verzweiflung sah, sah eine heimtückische Gottheit eine Gelegenheit. Die Geisterhexe behauptet, dass Nyarlathotep selbst in ihrem Moment der Not zu ihr gekommen sei und ihr in einem Aspekt erschien, der als die Gesichtslose Sphinx bekannt ist. Der Äußere Gott informierte Mafaere, dass ihre Suche nach Rache von Erfolg gekrönt sein würde und sie auch eine neue Ära der Dunkelheit für alle einleiten würde, die sich dem Haus Dolour widersetzen. Aber zuerst, sagte die Sphinx, musste Mafaere ein paar kleinere Aufgaben erfüllen, um ihre Würdigkeit zu demonstrieren. Die erste dieser „kleineren Aufgaben“ bestand darin, die Führer von Sothis in die Kirche von Nyarlathotep zu indoktrinieren und die gesamte Stadt in einen Vasallenstaat der gefürchteten Gottheit zu verwandeln.

Mafaere verschrieb sich vollständig ihrem neuen Gönner und begann, Osirion zu infiltrieren und zu beeinflussen, wobei sie zuerst Schlüsselfiguren in ihren Träumen erschien. Sie rekrutierte andere Dunkelelfen aus ihrem ehemaligen Haus. Diese Agenten besuchten auch die Oberflächenwelt und leisteten materielle Hilfe und Unterstützung für diejenigen, die sich für die faule Doktrin der Gesichtslosen Sphinx einsetzten. Gleichzeitig kultivierte Mafaere in jedem Haus und jeder Familie von Zirnakaynin ein Netzwerk einflussreicher Dunkelelfen. Diese Dunkelelfen wandten sich von ihren Dämonenfürsten zur Anbetung von Nyarlathotep ab und versteckten sich unter ihren Verwandten. Jeder dieser Agenten arbeitet daran, die Rückkehr der Äußeren Götter zu beschleunigen, indem er Nyarlathoteps kryptischen und manchmal widersprüchlichen Befehlen folgt.

Doch im Laufe der Jahrhunderte wurde Mafaere unruhig. Während Osirions Vermögen nach Nyarlathoteps Laune zu- oder abgenommen hat, sind die Äußeren Götter noch nicht zurückgekehrt, um Falaim und ihre Nachkommen zu vernichten, wie es Mafaere versprochen wurde. Jetzt sammelt Mafaere ihre Kräfte, um allein gegen die Oberflächenwelt zuzuschlagen. Bald wird sie die Mittel haben, die Vourinoi-Nomaden, von denen sie glaubt, dass sie ihre alte Feindin beherbergen, systematisch zu jagen und zu vernichten, und niemand weiß, wohin ihre Ambitionen sie von dort führen könnten.

Die Lebensweise der Xulgathen
Zevgavizeb
Finsterfraß
Kulte der Finsterlande
Vergessene Halbebenen
Das Erwachen der Kaiju
Für Zauberer...
Magische Gegenstände
Bestiarium

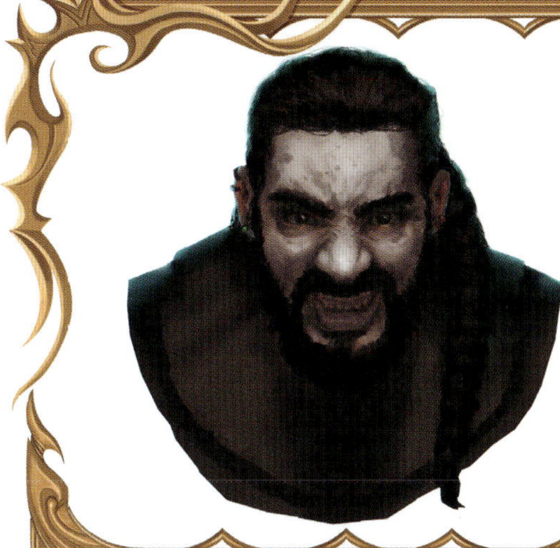

Die Herren

SKLAVENHALTER DES GEISTES, ZERSTÖRER DES FLEISCHES

Kernglaube: Der Weg zur Größe ist gepflastert mit den Schädeln der Versklavten

Anführer: Starig Eisenpeitsche (NB Duergar-Magiekrieger)

Typische Mitglieder: böse Luftelementare, verstoßene Duergar, Sklavenhalter

Anbetungsobjekte: Kettenbehängte Menhire

Sektenstandorte: Tempel der Erhabenen Unterwerfung in Nar-Voth

Typische Rituale: Erzwungene Selbstopferung besessener Opfer (meist durch Sturz aus großer Höhe)

Droskarverehrende Duergar sind oft produktive Sklavenhändler, die ihren Glauben in den Finsterlanden bekannt machen. Die meisten dieser Anhänger begnügen sich damit, schwächere Kreaturen zu versklaven und sie beim Bau von Städten oder Tempeln zu Tode zu schinden, aber diese Grausamkeit war Starig Eisenpeitsche, einem Sklavenmeister aus der Duergar-Festungsstadt Hagegraf, nicht genug. Starig betrachtete Sklaverei als die höchste Form der Kontrolle und Macht, und er verbrachte Jahre mit der Suche nach Wegen, immer mächtigere Kreaturen zu versklaven. Traditionelle Zwangsmittel – körperliche Bestrafung und emotionale Misshandlungen – konnten ihn nur bis zu einem gewissen Grad helfen. Zu seinem wachsenden Zorn konnte Starig seinen Sklaven befehlen, viele Dinge zu tun, aber selten die eine Handlung auszuführen, die er von ihnen am meisten wünschte: ihren eigenen Untergang. Sein größter Traum war es, andere so absolut zu versklaven, dass sie ihr eigenes Leben für ihn beenden würden, und um diesen Traum zu verwirklichen, wandte er sich vom Reich der physischen Welt ab und dem Studium der Magie zu.

Als Starig begann, seine Mühen für Droskar zugunsten seiner Forschungen zu vernachlässigen, forderte ihn seine Sippe zur Verantwortung für seine Taten, brandmarkte ihn als Verräter und Ketzer und verbannte ihn für immer. Dieser Verrat verletzte Starig zutiefst und er wandte sich wütend gegen diejenigen, von denen er glaubte, dass sie ihm Unrecht getan hatten, und setzte seine neue Magie gegen seine eigenen Verwandten ein. Als er Hagegraf verließ, lagen mehrere der Ältesten der Sippe tot von eigener Hand, und das Familienoberhaupt begleitete Starig als geistloser Sklave.

Starig wanderte jahrelang durch die Finsterlande und sammelte ein ständig wachsendes Gefolge von magisch versklavten Dienern und eingeschüchterten Verbündeten. Mit der Zeit konnte er sich nicht mehr auf subtile Taktiken verlassen, um mehr Hab und Gut durch Infiltration oder Täuschung zu sammeln. Mit seinem Gefolge, das jetzt mehrere hundert Mann stark war, überfielen Starig und sein Kult Siedlungen in Wellen des Chaos.

Diese dreiste Taktik war nicht immer erfolgreich. Drei Jahre nach seinem Exil unternahm Starig einen unüberlegten Versuch, die zerstörte Zwergenfestung Krba zu infiltrieren, die jetzt von Deros und ihren Morlockverbündeten regiert wurde, und entkam der zum Scheitern verurteilten Invasion nur knapp mit seinem Leben.

Gezwungen, wieder von vorne anzufangen, wanderte Starig durch Nar-Voth und baute langsam seine Sklavenarmee wieder auf. Er erkannte, dass er einen sicheren Zufluchtsort benötigte, um seine Herde zu schützen – einen Ort, an dem er seine Armee hüten und immer mächtigere Methoden der mentalen und spirituellen Herrschaft perfektionieren konnte. In diesem Moment hörte er das erste Flüstern einer Stimme, die sowohl seidig als auch stachelig, sanft und doch gefährlich war. Die Stimme – von der er glaubt, dass sie einer Qlippothherrscherin namens Isph-Aun-Vuln gehört – führte ihn zu einem alten Tempel und befahl ihm, das alte Gemäuer zu ihren Ehren wiederherzustellen.

Durch die Führung von Isph-Aun-Vuln, dem Fest im Inneren, entdeckte Starig Geheimnisse der psychischen Beherrschung, die zuvor unmöglich erschienen waren. Sein Eifer war so absolut, dass Starig sich in einem schrecklichen Ritual seiner neuen Gottheit hingab und ihrem Tentakel erlaubte, seine Hand bei einer invasiven Operation zu führen, die einer Selbstlobotomie ähnelte. Danach verblasste Starigs Fanatismus zu kalter, kalkulierter Ausführung der Launen seiner Gönnerin.

In den Jahrzehnten, seit Starig den Tempel der Erhabenen Unterwerfung beansprucht und sich Isph-Aun-Vuln übergeben hat, hat der Sklavenhändler die Tempelruinen in eine wahre Festung und ein Forschungslabor verwandelt. Seine Sucht, schwache Kreaturen zu versklaven und sie zu zwingen, sich selbst zu zerstören, ist gewachsen; die meisten seiner Sklaven beenden ihr eigenes Leben innerhalb einer Woche nach ihrer Versklavung. Zu dieser Armee entbehrlicher Sklaven gehören Morlocks, Deros, Xulgathen und alle Nar-Voth-Reisenden, die das Pech haben, seiner Bande sogenannter Herren zu begegnen. Auf Geheiß seiner Qlippothmeisterin wendet Starig selten traditionelle Mittel der Versklavung an. Vielmehr bevorzugt er parasitären Befall, insbesondere mit einer einzigartigen Art von grabenden Würmern, die sich in die Schädel der Opfer graben und sie zu unerschütterlichen Verbündeten machen können.

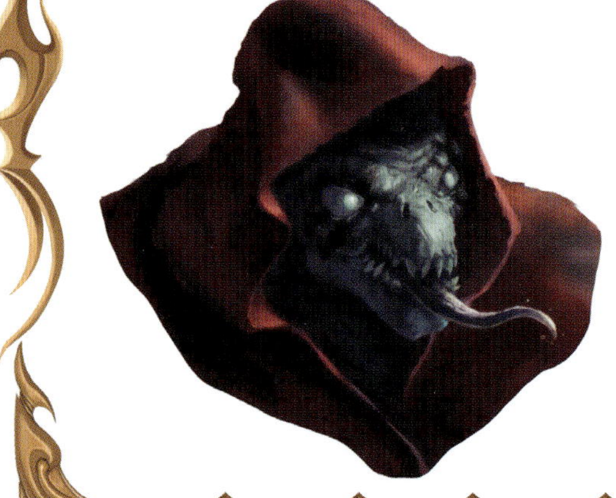

Tanagaars Pfeile

DIE KRALLEN DES ERLÖSERS

Kernglaube: Schändungen der Toten werden mit Auslöschung bestraft
Anführer: Schalistra (RG Xulgathische Ghul-Assassinin)
Typische Mitglieder: ketzerische Ghule, geläuterte Kannibalen
Anbetungsobjekte: kunstvoll verzierte Klingen, Vogelfedern und -klauen
Sektenstandorte: Nemret Noktoria, geweihte Friedhöfe
Typische Rituale: Ein Dutzend oder mehr Kultisten stechen gleichzeitig auf ihren Feind ein

In den Finsterlanden von Sekamina liegt der Gipfel der Ghulkultur: die große untote Stadt Nemret Noktoria. Hier haben Ghule, die an die Bedeutung langfristiger Ziele gegenüber sofortiger Befriedigung glauben, eine Stadt errichtet, die teils Nekropole und teils Metropole ist – ein Zufluchtsort für Untote, die mehr erreichen wollen, als sich ihrem eigenen gedankenlosen Hunger zu unterwerfen.

Trotzdem ist der Hunger nach Fleisch eine Tatsache des alltäglichen Lebens in Nemret Noktoria. Eine Tatsache, die durch die Regierung der Stadt zementiert wird: die Herrschaft durch einen theokratischen Rat überzeugter Kabriri-Anhänger. Für viele Bürger stellt der Dämonenherrscher der Ghule den Höhepunkt der ghulischen Errungenschaften dar und alles, was ein Ghul anstreben kann. Aber für einige dient dieser schreckliche Halbgott nur als Erinnerung an die Abscheulichkeit der verwerflichen Abhängigkeit der Ghule vom lebenden Fleisch, um zu überleben. Für diese Ketzer hat Kabriri nicht mehr Anziehungskraft als ein blutbefleckter Spiegel; selbst wenn es die eigene Reflexion zeigt, wird das Bild dauerhaft von den gewalttätigsten, verdorbensten Aspekten der Gesellschaft der Ghule getrübt.

Dies war der Fall bei einer Xulgathin namens Schalistra, einer ehemaligen Streiterin Zevgavizebs, die zum Ghul wurde. Nachdem ihr Gelege von Ghul-Attentätern ausgelöscht und sie in eine ihrer Art verwandelt worden war, gab sie ihren Glauben auf, behielt jedoch einen starken Sinn für Spiritualität bei. Am Vorabend ihres dreißigsten Geburtstags – einem heiligen Tag in ihrer Xulgathsippe, der den Übergang vom Erwachsenen zum Ältesten markiert – hörte Schalistra das erste Flüstern einer jenseitigen Stimme, die ihr Leben verändern sollte.

Laut der Stimme war es Schalistras göttlicher Auftrag, Ghule aus dem Schatten ihres eigenen Todes zu führen, insbesondere durch die Ausrottung der Praktiken der Nekrophagie und des Kannibalismus. Als sie ein göttliches Zeichen sah – eine einsame weiße Eule, die zwischen den Lazuritsäulen der Stadt flog, bis sie ihr ohne Grund tot vor die Füße fiel – nahm sie mit Eifer den Mantel ihres Schutzherrn an. Seit ihrem Erwachen sind 10 Jahre vergangen, und jetzt führen Schalistra und mehrere andere reformierte Ghule einen beeindruckenden Kult von fast hundert Aufständischen aus dem Herzen von Nemret Noktoria heraus. Sie verstecken sich in Sichtweite, treffen sich in geheimen Kellern oder diskret gekennzeichneten sicheren Häusern und nennen sich Tanagaars Pfeile, da Schalistra glaubt, dass der Himmlische Herrscher Tanagaar derjenige war, der vor einem Jahrzehnt zum ersten Mal zu ihr gesprochen hat. Viele ihrer Mitstreiter und Unterstützer behaupten, ihre eigenen göttlichen Stimmen mit unterschiedlichen Beschreibungen gehört zu haben. Anstatt den Mysterienkult zu spalten, haben die vielfältigen spirituellen Erfahrungen der Gruppe nur ihre Bindung gestärkt und ihre Ansicht bestärkt, dass sie ein würdiges Ziel verfolgen, eines, das dazu führen wird, dass Tausende ihrer Mitghule von der Dämonenverehrung erlöst werden und Nemret Noktoria den Anbruch eines neuen Zeitalters bringen werden.

Mitglieder von Tanagaars Pfeilen zielen auf etablierte politische oder religiöse Führer ab, die Nemret Noktorias widerliche Maximen untermauern. Wie trainierte Raubvögel koordinieren die Kultisten ihre Angriffe, schlagen nur dann zu, wenn der Erfolg gesichert ist und stürzen sich in einem Schwarm von nicht weniger als einem Dutzend auf ein einzelnes Ziel, wobei jeder Kultist mit seiner gewählten Waffe (normalerweise ein Dolch, Kurzspeer oder Kukri) zuschlägt. Tanagaars Pfeile brauchen keine Visitenkarte; das Zeichen ihrer Ermordung ist deutlich genug, um selbst die kaltherzigsten ihrer Feinde in Angst und Schrecken zu versetzen.

Trotz ihres bisherigen relativen Erfolgs glaubt Schalistra, dass sie und ihre Anhänger immer mehr tun könnten, und sie weisen niemals Verbündete zurück, die ihre guten Absichten beweisen. Tanagaars Pfeile versuchen vor allem, neue Mitglieder von der Oberflächenwelt zu rekrutieren. Schalistra behauptet, dass sie nicht ruhen werde, bis Nemret Noktoria von Kabriris Fesseln befreit ist, aber die Inbrunst der Sektenführerin hat in letzter Zeit nachgelassen. Ihren Verbündeten unbekannt, ist sie schwer krank geworden und ist es nur eine Frage der Zeit, bis sie die Fackel der Führung an eine neue edle Seele weitergeben muss.

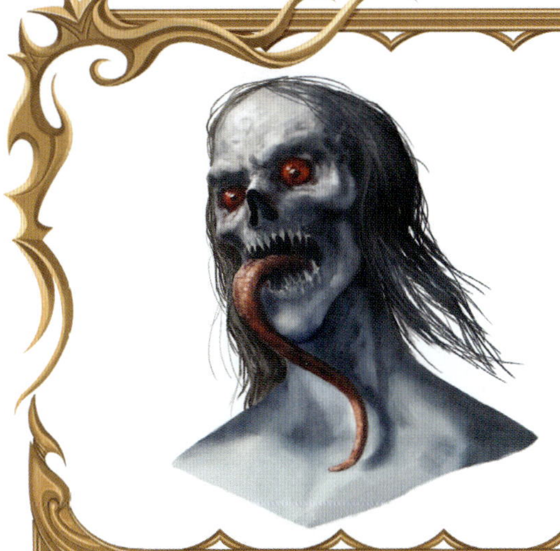

Die Auflöser

KRIEGSFANFAREN DES CHAOS

Kernglaube: Durch Chaos wird die Welt untergehen
Anführer: Naghuk (CB Urdefhanischer Untergangsprophet)
Typische Mitglieder: uralte Urdefhan, körperlose Untote, empfindungsfähige Schlicke
Anbetungsobjekte: sternförmige Kristalle, Windspiele
Sektenstandorte: in ganz Orv verstreute Höhlen
Typische Rituale: Aufführung atonaler Musik, begleitet von der Zerstörung von Kunstgegenständen

Nur der fast Unsterbliche kann die Langeweile verstehen, die nach Jahrhunderten des Daseins Wurzeln schlägt. Langlebige Völker finden normalerweise Wege, sich während ihres Lebensabends zu beschäftigen: Elfen, die auf der Oberfläche leben, verfeinern Magie und studieren Überlieferungen, während die politischen Machenschaften der Dunkelelfen den Anführern endlose Ablenkung und den Verlierern den süßen Tod bieten. Für die Urdefhane jedoch belastet der inhärente Konflikt, ein Lebewesen zu sein, welches sich der Ausrottung des Lebens widmet, den Verstand. Viele Urdefhane werden von Langeweile verwirrt, verlieren sich weiter im Chaos der Schlacht und werden zu gedankenlosen Erweiterungen der Brutalität, die sie anrichten. Andere entwickeln bizarre Obsessionen, nehmen hedonistische Lebensstile auf, die mit persönlichen Gefahren behaftet sind oder isolieren sich freiwillig am Rande des Territoriums ihrer Sekte. Für Urdefhane, die es schaffen, ihren Verstand zu behalten, tritt jedoch oft ein seltsames Phänomen auf: Das Streben nach dem Töten wird zu einem Streben nach dem Grund des Tötens.

Diese seltenen Urdefhane lernen, über den Schleier der physischen Realität hinaus in die tieferen Wahrheiten des Universums zu sehen. Urdefhane, die lange genug durch die Einöden der Gruft der Schwarzen Wüste wandern, behaupten, Zeugen unmöglicher Phänomene zu sein oder unverständliches Wissen zu sammeln. Mehr als ein Urdefhan ist mit neu geöffneten Augen zu seinem Kult zurückgekehrt und hat endlos das Dogma einer Gottheit namens Azathoth wiedergegeben, dem Äußeren Gott, der versucht, die gesamte Schöpfung aufzulösen. Für diese wenigen Auserwählten ist Azathoth der ultimative Ausdruck des urdefhanischen und daimonischen Zieles, alles Leben zu zerstören. Sie sehen sich nicht als Opfer des Lebens, das sie ausrotten wollen, sondern als Propheten, deren Ziel es ist, die Welt selbst und damit jede lebende Seele darin aufzulösen.

Im Laufe der Jahre haben sich zahlreiche Sekten von Azathoth anbetenden Urdefhanen gebildet. Die meisten werden von ihren traditionellen Verwandten verdrängt, sobald sie entdeckt werden, aber Überbleibsel dieser Kulte sind geblieben und einige haben es sogar geschafft, an ihrem schwachen Halt in der Schwarzen Wüste von Orv festzuhalten. Diese Überlebenden forschen und experimentieren auf der Suche nach immer größeren Wahrheiten, suchen unermüdlich nach vergessenen Wälzern unheimlicher Überlieferungen oder entwickeln sogar Mittel, um selbst mit dem Dunklen Firmament zu kommunizieren. Manchmal enthüllen solche Weissagungen die Anwesenheit anderer gleichgesinnter Urdefhane, die ihrerseits für den verstreuten Kult rekrutiert werden, der informell als „die Auflöser" bekannt ist.

Der urdefhanische Mystiker Naghul führt eine solche Kabale an. Nachdem Naghul vor Jahrhunderten eine Reihe von Visionen erlebt und sein neu entdecktes azathothisches Dogma mit seinem Kult geteilt hatte, musste er kämpfen, um seinen mörderischen Verwandten zu entkommen, die seine neue Religion als nichts anderes als Verrat ansahen. Nachdem sein Verstand schließlich durch einen kurzen Blick auf die wahre Gestalt Azathoths erschüttert wurde, floh Naghul in die tiefsten Gewölbe von Orv und errichtete eine kleine Festung voller tödlicher Fallen und Wächter. Von hier aus beobachtet er weiterhin das Dunkle Firmament, um die Führung seines Meisters zu erfahren, und sucht ständig nach einem Weg, die Urdefhane zu vernichten – die Naghul als zu unwürdig ansieht, an der kommenden Apokalypse teilzunehmen – und dann die gesamte Materielle Ebene.

Während sie an der Auflösung der Welt arbeiten, meiden Azathoths urdefhanische Anhänger alle materiellen Insignien. Sie tragen keine Rüstung und keine Waffen und sind abhängig von göttlichen oder okkulten Zaubersprüchen, um ihre Feinde zu zerschmettern. Einige entfernen sogar Elemente ihres eigenen Körpers, ersetzen Haut und Muskeln durch Hüllen aus reiner negativer Energie und legen ihre Organe und Skelette für alle sichtbar frei. Auf diesen freigelegten Knochen schnitzen die Urdefhane Runen der Macht, die es ihnen ermöglichen, die Wirkung von Zauberstäben, Schriftrollen und sogar Stäben zu kopieren. Andere finden Wege, die amorphen Formen von Schlamm, ihrer idealisierten Lebensform, anzunehmen. Die mächtigsten Auflöser finden sogar Wege, ihren physischen Körper abzulegen und teilweise oder vollständig körperlos zu werden.

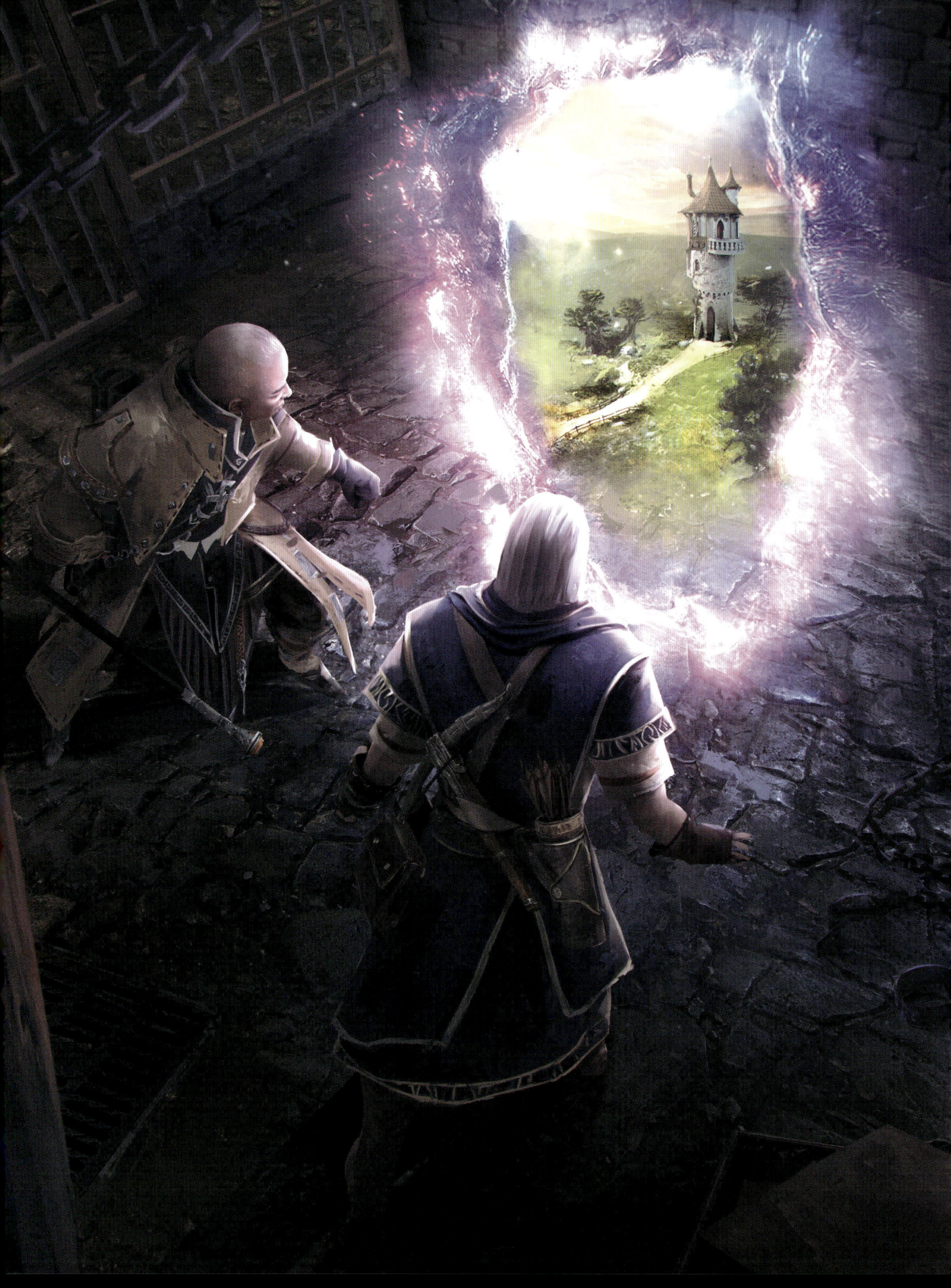

VERGESSENE HALBEBENEN

Viele Zauberwirker träumen davon, die Realität ihrem Willen anzupassen. Halbebenen – kleine extraplanare Reiche, welche nicht an Gesetze oder Grenzen anderer Existenzebenen gebunden sind – stellen eine begrenzte Option zur Verwirklichung dieser Wünsche dar. Die meisten Halbebene entstehen auf natürliche Weise in der metaphysischen Ursuppe, wo der Mahlstrom an die Astralebene grenzt, oder auf der Ätherebene, wo die Energien der Positiven und der Negativen Ebene wirbeln. Viele dieser natürlichen Halbebenen kollabieren letztendlich. Mächtige planare Wesen und fähige Sterbliche können die simple Realität aber auf kontrollierte Weise manipulieren, um ihre eigenen Halbebenen zu erschaffen, und dabei die physikalischen und fantastischeren Eigenschaften dieser kleinen Blasen ihrer ganz eigenen Realitäten bestimmen.

Wie natürliche Halbebenen werden auch diese künstlichen Halbebenen aus dem Geflecht der Astral- oder der Ätherebene erschaffen. Das Ergebnis wird ebenso von den aktiven Plänen wie den unterbewussten Wünschen des Erschaffers beeinflusst. Die erwählten Bausteine einer Halbebene bestimmen, wie ein Besucher oder potentieller Störenfried zu ihr Zugang finden kann. Daher sichern die Erschaffer ihre Halbebenen oftmals mit Schutzmaßnahmen gegen Eindringlinge und begrenzen den Zugang – insbesondere, wenn sie ein permanentes Portal auf der Materiellen Ebene erschaffen. Zwei berühmte Beispiele für erschaffene Halbebenen sind die Zuflucht von Nex und Hao Jins Wandteppich, wobei die meisten nicht ganz so komplex sind.

Die Entstehung einer Halbebene ist ein einzigartiges Ereignis. Keine Halbebene wird auf dieselbe Weise angefertigt wie eine andere. Jede ist ein einmaliger Ausdruck des Willens und der Wünsche ihres Schöpfers. Meistens wird das Ritual *Halbebene erschaffen* genutzt, von dem es aber viele Varianten gibt. Andere Schöpfer nutzen göttliche Wunder oder mehrere, kunstvoll zusammengestrickte und geschichtete Wünsche, um neue Realitäten zu erschaffen. Da die Erschaffungsmethoden variieren, kann man auch nicht vorhersagen, wie hoch der Zeitaufwand und die Kosten sind. Selbst nach der Schaffung ihrer Halbebenen basteln viele Zauberwirker noch viele Jahre an ihnen herum. Andere wiederum formen ihre Halbebenen in einem einzigen, großen Schöpfungsakt, wobei oftmals Artefakte genutzt werden, ein planarer Patron hilft oder Wertgegenstände oder Leben als Opfer gebracht werden.

ARVALEKS KLAGE — HALBEBENE

NB | ENDLICH | WANDELBAR

Kategorie Halbebene
Einheimische Unbekannte unsichtbare Bestien

Das Portal zu diesem wunderschönen, vergifteten Gefängnis manifestiert sich auf mehreren Ebenen und präsentiert sich selbst aktiv magisch begabten Individuen – man könnte auch sagen, es verfolgt sie. Besucher betreten die Halbebene durch einen Torweg aus verwittertem Stein und erscheinen vor einem gemütlichen Magierturm, der von Wiesen, Ackerfeldern, nebelverhangenen Mooren und Bergen umgeben ist, wobei sich die genaue Umgebung jeden Tag verändert. Auch die Position des Ausganges wechselt täglich; er ist dabei stets sichtbar, aber nie ganz erreichbar. Es herrscht unheimliche Stille. Teleportationsmagie funktioniert hier nicht und selbst *Tor* gestattet Kreaturen lediglich, die Halbebene zu betreten, nicht aber, sie wieder zu verlassen.

Vierundzwanzig Stunden, nachdem ein Besucher Arvaleks Klage betreten hat, füllt sich die unheimlich stille Wildnis mit unsichtbaren Bestien, welche jene fressen, die den Ausgang suchen. Vom Turm im Zentrum der Ebene aus kann man die rauen Hilferufe früherer Opfer durch die Türen und Fenster vernehmen.

Der Turm verfügt über volle Vorratskammern, als wäre sein Erbauer nur kurz weg. In der gastfreundlichen Hauptkammer steht ein Tisch mit Speisen und Getränken, auf dem auch Arvaleks Tagebuch liegt, nur fehlen die letzten Seiten. Beunruhigender jedoch sind die Bücher in der Bibliothek des Turmes: Jedes trägt den Namen eines Besuchers und enthält eine vollständige Niederschrift der Gedanken dieses Opfers während seines Besuches auf der Halbebene. Praktisch alle Einträge dieser Tagebücher werden zunehmend panischer und enden mit dem Tod des Besuchers.

Das Mysterium der Halbebene wird nur noch durch die Quelle der Klage ihres Schöpfers untermalt: In der Bibliothek befindet sich zudem ein Buch, bei dem es sich um ein Artefakt handelt – Esengrits Buch der Schöpfung. Der einzige Hinweis auf sein besonderes Wesen ist allerdings das wiederkehrende Motiv eines gekrönten Fuchses. Das Buch enthält komplizierte, unvollständige Formeln unbekannter Natur, bei deren Studium der Verdacht entsteht, ihre Lösung könnte ein Entkommen aus der Halbebene ermöglichen – oder vielleicht auch etwas gänzlich anderes, weitaus bösartigeres...

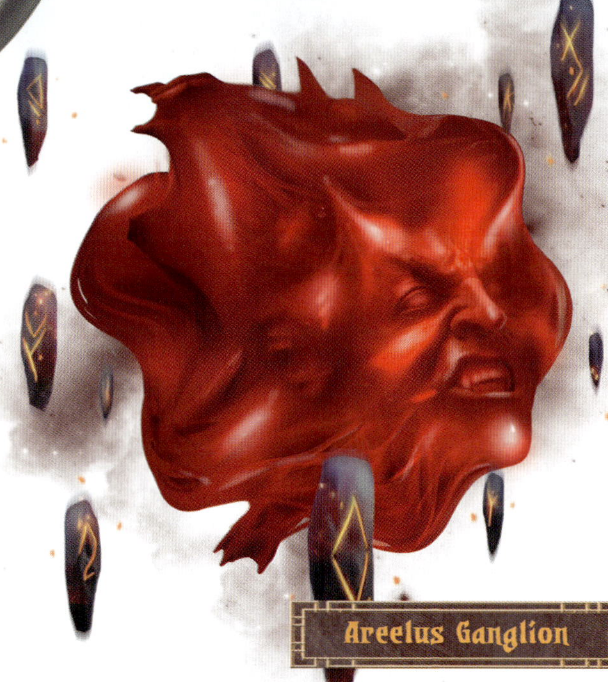

AREELUS GANGLION HALBEBENE

CB ENDLICH SUBJEKTIVE SCHWERKRAFT

Kategorie Halbebene

Einheimische Qlippoth

Diese Halbebene ist zwar nach der Halb-Scheusal-Erzmagierin Areelu Vorlesch benannt, besitzt aber keine wirkliche Verbindung zu ihr. Stattdessen hatte ihr Schöpfer die eitle Hoffnung, mit ihrer Hilfe die Weltenwunde neuaufreißen oder nachahmen zu können, welche sich mit dem Tod des Dämonenherrschers Deskari geschlossen hat. Da sie sich sehr von einer gewöhnlichen Halbebene unterscheidet, glauben manche, dass sie einen werdenden Dimensionsriss in den Abyss enthalte, durch welchen möglicherweise die Schrecken der Weltenwunde nach Golarion zurückkehren könnten.

Areelus Ganglion manifestiert temporäre Portale nach Golarion, die sich an Dutzenden von Orten innerhalb der Grenzen der früheren Weltenwunde öffnen und Dämonen sowie ihre Abkömmlinge anziehen. Die Betroffenen fühlen den Ruf oder „Gesang" des Portals.

Das Innere der Halbebene ist relativ klein mit 333 m Durchmesser. Im Zentrum befindet sich eine wirbelnde Gallertsphäre aus chaotischen planaren Energien, um welche ein gutes Dutzend stark glühender qlippothischer Runensteine schwebt. Die Berührung der Sphäre hat schwere Verletzungen zur Folge und wer dämonischer Abstammung ist, wird eingesogen und auf besonders grässliche Weise gefressen. So genährt erzeugt die Sphäre dann ein vorübergehendes Portal zu einer Schicht des Abyss, welches Qlippothen ausspeit, deren Stärke und Anzahl in Relation zu Stärke der gefressenen infernalen Kreatur stehen.

DAMREKS BIBLIOTHEK HALBEBENE

RN ENDLICH

Kategorie Halbebene

Einheimische Homunkuli

Diese Halbebene wurde von dem in Quantium heimischen nexischen Arkanisten Damrek Elemion erschaffen und ist ein Aufbewahrungsort magischen Wissens, an dem er ursprünglich seine Lehrlinge ausbilden wollte. Nach Damreks Tod erbten aber seine Schüler die Halbebene, welche diese Tradition fortsetzten. So wurden schon Generationen von Zauberkundigen hier trainiert.

Die Halbebene besteht aus einer Reihe von ineinander liegenden, kreisrunden Turmbibliotheken. Jede Schicht enthält zahllose Regale mit magischen und nichtmagischen Büchern; dazu kommen Küchen, Schlafräume, kleinere Laboratorien für Experimente und Lagerräume für Reagenzien und Materialkomponenten. Die Homunkuli der Halbebene hocken auf Deckenbalken oder Regalen, wenn sie sich nicht um die Pflege und den Erhalt der Einrichtung kümmern oder als Tutoren fungieren. Für letztere Funktion erschafft die Halbebene extra neue Homunkuli, wenn neue Schüler sie betreten. Jede Schicht besitzt zudem einen Homunkulus, der quasi als Vorarbeiter die anderen anleitet und anweist und auch Fragen von Besuchern beantwortet. Am häufigsten trifft man dabei Zevzerius auf der ersten Ebene, welcher einer Katze mit einem Krähenkopf ähnelt und neben einem Monokel auch einen Magierhut trägt, wie er vor etwa fünfhundert Jahren in Nex Mode gewesen ist.

Wenn ein Magier sein Können verbessert und den Homunkuli einen gewissen Grad an Kompetenz nachweisen kann, erhält er zu weiteren Schichten der Halbebene Zugang, wo zunehmend komplexeres Lehrmaterial für Fortgeschrittene wartet. Bis zu sechs Magier unterschiedlicher Befähigungsgrade können zugleich in der Halbebene studieren. Die Bibliothek enthält aber auch ein dunkles Geheimnis, welches nur einer Handvoll selbsternannter Abgänger bekannt ist: Nicht jeder hier studierende Lehrling verlässt sie auch wieder...

Damreks Tod war keine dauerhafte Angelegenheit. Er existiert weiter im Herzen der Halbebene und beobachtet durch die Augen seiner Homunkuli, befindet sich aber in einem Zustand, der dem eines Leichnams nicht ganz gleichkommt – man könnte von einem Zustand des instabilen Untodes sprechen. Dies hat zwar weder seinen Willen gebrochen noch ihn zum Bösen verdorben, jedoch muss er immer wieder von der Lebenskraft einer Kreatur zehren, um weiter zu existieren. Dies rationalisiert er, indem er sich an jenen nährt, die er als unwürdig, gefährlich und/oder machthungrig einstuft. Er wartet allerdings auch darauf, dass einer der Schüler imstande ist, das magische Ritual zu entdecken und auszuführen, an dem er selbst gescheitert ist – und das ihn zu einem Kreislauf des Mordens zur Selbsterhaltung gezwungen hat, statt ihm die erhoffte ewige Jugend zu verleihen.

DIE EISLINSE HALBEBENE

N ENDLICH STATISCH

Kategorie Halbebene

Einheimische Belebte Träume, Hunde von Tindalos, Sakhili, Schreckgespenster

Die Eislinse ist zugleich gefährlich und faszinierend nützlich. Diese Halbebene hat die Form einer relativ kleinen Halbkugel von vielleicht 4.000 m², in deren Zentrum sich ein steinernes Podest erhebt. Auf diesem befinden sich drei Steinplattformen mit jeweils einer Schale und eine Statue in der Mitte. Die Statue stellt eine humanoide Gestalt in einer Robe dar, trägt aber starke Schäden und Brandspuren, wie sie von einem magischen Unfall oder vorsätzlicher Zerstörung resultieren könnten. Der Oberkörper fehlt größtenteils, sieht man von einer Schulter und einem ausgestreckten Arm ab, auf dem ein magisch belebter Hausdrache aus Stein hockt. Dieser heißt Besucher auf Drakonisch willkommen und lädt sie ein, „zu beobachten und lernen, gemäß der Protokolle des Meisters für die Auswahl von Ort und Zeit".

Wer dieser Meister – wahrscheinlich der Erschaffer der Halbebene – ist, weiß niemand. Der Stil der dauerhaften Merkmale der Frostlinse verweist aber auf azlantische Einflüsse. Der Hausdrache jedenfalls reagiert auf Fragen nach seinem Namen oder Versuche, diesen zu erraten, nur mit fragender Stille.

Das Podest ist von einer Nebelsphäre dauerhaft umgeben, welche wie eine *Kristallkugel* funktioniert, mit der man ferne Orte in Raum und Zeit betrachten kann. Phantasmagorische, durchscheinende Gestalten und Landschaften von dem gewählten Ort bevölkern den Nebel. Die Details sind verschwommen und geisterhaft, als würde man sie von der Ätherebene aus betrachten. Dennoch kann man Gespräche belauschen, Gerüche wahrnehmen und Geschehnisse beobachten, wie sie sich entfalten. Für Spione oder Historiker wäre dies sicherlich eine spektakuläre Entdeckung und ein wundersames Werkzeug zur Verfolgung ihrer Profession, wäre die Halbebene nicht offenbar beschädigt und in einem Zustand unkontrollierter Fehlfunktion! Gegenwärtig gibt es keine bekannte Möglichkeit zur Steuerung, welchen Ort und welche Zeit sie zeigen soll. Beides springt in irregulären Intervallen scheinbar völlig zufällig. Die einzige Konstante besteht darin, dass die Orte sich alle auf Golarion befinden und sich grob innerhalb des Bereiches befinden, über den sich das Reich von Azlant erstreckt hat.

Während die Frostlinse arbeitet und sich auf einen bestimmten Ort zu einer bestimmten Zeit fokussiert, ist sie stabil und besteht für Besucher keine Gefahr. Die nebelhaften Kopien historischer Gestalten sind lediglich Repliken ohne wahre Verbindung zu den Originalen, sodass kein Risiko besteht, vielleicht die Gegenwart zu verändern, sollte ein Betrachter bemerkt werden. Dies ändert sich aber, wenn sich der instabile und gegenwärtig ungesteuerte Mechanismus ohne Vorwarnung auf einen neuen Ort zu einer neuen Zeit fokussiert. Dann werden Besucher von Hunden von Tindalos angegriffen, die einzeln oder in Rudeln auftreten, und von entsetzlichen wurmartigen Abscheulichkeiten begleitet werden, welche sich jeder Beschreibung entziehen, aber mit den Hunden im Bunde zu sein scheinen. Ebenso lockt jede Neufokussierung diverse Kreaturen der Ätherebene an, darunter Schreckgespenster und Sakhili mit unbekannten Zielen. Nahe dem Eingang der Halbebene liegen die Überreste ihrer Opfer verteilt. Dieser Eingang bewegt sich aber oft und manifestiert sich auf der Ätherebene grob zu den durch die Linse beobachteten Örtlichkeiten korrespondierend.

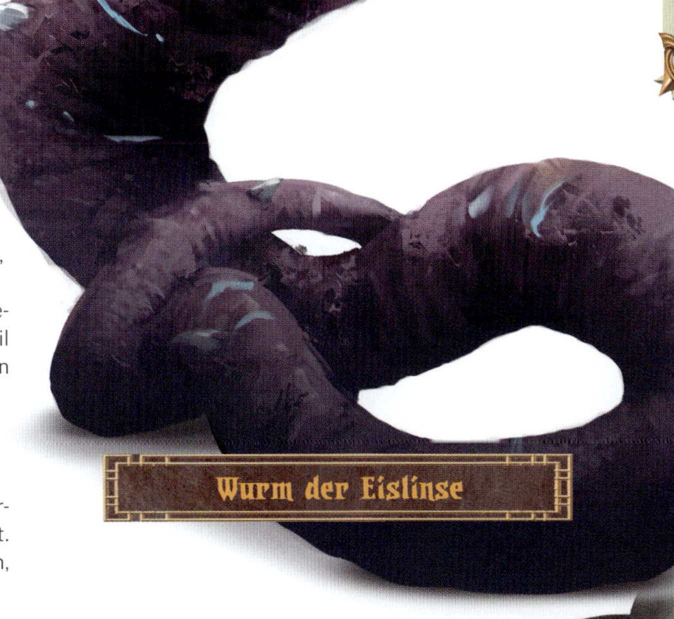

Wurm der Eislinse

Die Lebensweise der Xulgathen
Zevgavizeb
Finsterfraß
Kulte der Finsterlande
Vergessene Halbebenen
Das Erwachen der Kaiju
Für Zauberer...
Magische Gegenstände
Bestiarium

RIZINDRAS GARTEN HALBEBENE

CN ENDLICH

Kategorie Halbebene
Einheimische Bittsteller, Feenwesen, Proteaner

Diese Halbebene wurde in der Frühzeit Thassilons von der Magierin Rizindra Ascilion geschaffen, einer Bewohnerin Xin-Cyrusians, der Hauptstadt des Runenherrschers Xanderghul. Rizindra war zwar nie eine der mächtigsten Zauberkundigen, dafür aber politisch und gesellschaftlich sehr anpassungsfähig. Ihre Halbebene war häufiger Schauplatz großer gesellschaftlicher Anlässe und Feierlichkeiten, zu denen Cyrusians obere Zehntausend geladen waren – darunter der Runenherrscher der Hochmut selbst. Weitere Gäste waren stets andere extraplanare Besucher und sonstige Gesprächspartner.

Im Jahre -6127 AK endete Rizindras Leben auf explosive Weise durch einen Rivalen, doch bedeutete dies nicht das Ende der Feierlichkeiten. Ihre gebundenen Diener verblieben und arbeiten noch immer unter denselben Direktiven. Der Garten wurde von anderen thassilonischen Magiern weiterhin für Zusammenkünfte genutzt und nach dem Erdfall machten sich hier diverse planare Hausbesetzer breit. Letztere haben die Halbebene umfangreich verändert und erweitert, sodass sie nun teils ein rauschendes Gartenfest und teils eine Todesfalle ist.

Die Halbebene erscheint als anderthalb Kilometer durchmessender, hochherrschaftlicher Garten zur Abenddämmerung, der mit farbenfrohen Laternen geschmückt und magischen Banketttischen möbliert ist. Über den Garten verteilt sind Dutzende große Zelte, die in den Stilen anderer golarischer Kulturen aus Rizindras Zeit oder so, wie man sich damals die Stile anderer Ebenen vorgestellt hat, möbliert sind. Jedes ist mit dort als Diener gebundenen planaren Wesen ausgestattet. Weitere planare Wesen weilen zu Besuch. Während ihrer Reise durch die Astralebene fesselt die Halbebene zudem eine rotierende Gästeliste aus Bittstellern an sich, die nach einer Woche des Feierns wieder in den Fluss der Seelen zurückbefördert werden. Diese Magie wirkt auch auf die aktuellen Gäste – wer auf der Halbebene stirbt, manifestiert sich als Bittsteller für dieselbe Zeit, ehe er ins Große Jenseits weiterziehen darf; während dieser Zeit kann er in der Regel nicht ins Leben zurückgeholt werden.

Gegenwärtig erfreuen sich diverse feeische Spaßvögel daran, Partygäste zu imitieren. Die Feenwesen haben mehrere Zelte übernommen und feiern dort ein rauschendes Fest. Allerdings gibt es auch eine Gruppe bösartiger Feen, welche Jagd auf jene Gäste machen, die sich zu weit in den Wald vorwagen, der den eigentlichen Garten umgibt. Sofern man davon sprechen kann, dass die Feiernden einen Anführer haben, gilt dies wohl für den Illureschi-Proteaner Kandivissian, das Echo der Uralten Gerüchte. Man erkennt ihn an seiner übertrieben prunkvollen Kleidung im thassilonischen Stil und seinem Spazierstock mit der Saphirspitze, bei dem es sich in Wahrheit um ein *Zepter der Überraschung* handelt. Bei ihm sind zwölf Azuretzis, die ihm wie ein kleiner Proteanerchor folgen. Die Proteaner amüsieren sich damit, die Gestalten gegenwärtiger oder früherer Gäste anzunehmen und die Rollen von Partygästen oder Bediensteten zu spielen.

VERINEAS ZUFLUCHT HALBEBENE

NG ENDLICH

Kategorie Halbebene
Einheimische Genii loci

Halbebenen dienen oft als Schatzkammern, Zufluchtsstätten oder Verstecke, doch Verineas Zuflucht entstand aus dem einfachen Wunsch der Erschafferin nach der Sicherheit und Nostalgie ihrer Kindheit. Viele Einzelheiten zu Verinea sind längst vergessen, doch man weiß, dass sie zu den spirituellen Anführern des sarkorischen Stadtstaates Storasta gezählt hat, welche miterleben musste, wie ihr eigener Besitz und der ihr Familie schwanden, bis Storasta schließlich angesichts der näher rückenden Dämonenhorden 4644 AK aufgegeben werden musste. Gut ein Jahrzehnt zuvor hatte sie die Zuflucht als nostalgische Replik der Stadt ihrer Jugend erschaffen und mit illusionären Kopien von Leuten und Orten bevölkert, welche es teils nicht mehr gab oder die sich inzwischen verändert hatten. Verinea zog sich zunehmend auf die Halbebene zurück, um sie um ihre Version einer idealisierten sarkorischen Wildnis zu erweitern. Im Alter raubt ihr die Demenz die Gabe, Realität und Illusion zu unterscheiden. Ihre Schöpfungen wurden immer realer und strebten danach, sie zu beschützen. Schließlich verschwand sie in den Tiefen ihrer Halbebene und niemand weiß, was letztendlich mit ihr geschehen ist.

Besucher der Zuflucht sehen beim Betreten der Halbebene eine idyllische Version des alten Storasta und der umliegenden Wildnis. Diese Nachahmung ist nicht nur von illusionären Tieren und Personen aus Verineas Jugend bevölkert, sondern auch von einem Dutzend mächtiger Genii loci, intelligente Geister des Landes selbst. Drei davon manifestieren sich als Verinea in verschiedenen Phasen ihres Lebens. Die Genii loci haben sich gegenseitig Namen wie „der Soldat", „die Hexe", „der Künstler" und „die Gottruferin" gegeben und behaupten, Besucher zu sein, die sich zum Bleiben entschieden hätten. Sollte man sie bedrängen, warum sie kaum etwas über die eigene Lebensgeschichte wissen oder ihre Geschichten einander widersprechen, reagieren sie verwirrt. Dennoch sind diese Geister freundlich und heißen andere willkommen – und je länger Besucher bleiben, umso mehr streben die Geister danach, sie zu beschützen, wobei sie sie wie Kinder oder Jugendliche behandeln, welche vor einer verwirrenden Welt Zuflucht suchen. Solange die Besucher höflich und freundlich bleiben, unterhalten sich die Geister gern mit ihnen, unterweisen sie, helfen ihnen und spielen auch mit ihnen.

Verineas Schicksal ist nicht das einzige Rätsel in der Zuflucht. Gerüchteweise besaß Verinea einen großen Schatz nichtmagischer Reichtümer und einzigartiger magischer Gegenstände. Die diversen Geister jedenfalls reagieren auf diesbezügliche Fragen sehr ausweichend. Wo immer Verinea sein mag und in welchem Zustand sie vielleicht existiert, es könnte sein, dass sie auf jemanden wartet, der mutig genug ist, nach ihrer Sammlung zu suchen oder der von den Geistern als würdig befunden wird.

Das Erschaffen einer Halbebene

2983 AK, 12. Calistril

Endlich ist alles an Ort und Stelle. Acht Jahre! Acht Jahre der Vorbereitungen, um die nötigen Materialien zusammen zu tragen. Und die Jahre der Planung davor! Alle haben immer gesagt, ich sei zu jung und unerfahren, um etwas zu erreichen. Wenn ich jetzt meine eigene Halbebene erschaffe, beweise ich allen meine Meisterschaft! Und ich werde etwas erreichen, dass der Rat als sinnloses Experiment abgetan hat. Wenn ich mit dem Ritual beginne, sollte binnen vierzehn Tagen alles vollbracht sein. Ja, das ist länger, als bei den meisten Beispielen in den Lehrbüchern vermerkt, doch meine Halbebene wird größer und zugleich weitaus kostengünstiger sein – ich brauche nur ein gutes Achtel des normalerweise Benötigten!

Ich habe die Theorie größtenteils entwickelt. Esengrits Buch der Schöpfung enthält umfassende Anleitungen zum Bau von Halbebenen, entstammt aber einer radikal anderen magischen Tradition, welche weder ich noch Idziviir bisher identifizieren konnten. Es hat Jahre gedauert, die Formeln zu meistern, aber sie verkürzen den Prozess und machen weitere Ritualteilnehmer überflüssig; sie waren unvollständig, aber ich habe sie gelöst und werde sie nun nutzen!

2983 AK, 8. Pharast

Die Arbeit geht voran. Es fühlt sich wunderbar an, die eigene, persönliche Realität zu schaffen. Mein eigener Turm, geschaffen aus flüssigem Äther und wie Lehm geformt... umgeben von den Feldern aus meinen Kindheitserinnerungen... die Berge, in denen ich als Lehrling gelebt habe... und andere vertraute Orte... Ich arbeite nun an den Details.

2983 AK, 12. Pharast

Das Ausgangsportal ist gewandert... das sollte es nicht. Nicht einmal zwei Meter, aber schon das ist zu viel. Offenbar hat diese Technik einige Tücken, die ich noch ausgleichen muss. Idziviir meint, ich sollte mir keine Sorgen machen, aber ich habe ihre Verwirrung bemerkt. Der Imp ist hochgradig nervös und schaut ständig über die Schulter. Sie schwört, dass wir nicht allein sind. Nun, ich arbeite ja auch noch an dem Ort und die Barriere zwischen uns und der Ätherebene ist noch im Flux, genau das spürt sie!

2983 AK, 13. Pharast

Das Portal hat sich wieder bewegt, dieses Mal um fast anderthalb Kilometer. Das ist nicht möglich! Und irgendwie widersetzt es sich meinen korrigierenden Bemühungen. Ich wollte zum Portal teleportieren, aber der Zauber ist gescheitert. Ich habe stundenlang herumprobiert – alle Zauber, die irgendwie mit Transport zu tun haben, misslingen oder funktionieren nicht richtig. Am meisten sorgt mich aber, dass sich das Buch verändert hat: Es hat nun mehr Seiten und noch mehr unvollständige Formeln über jene hinaus, die ich lösen konnte. Die neuen sind unverständlich. Was geht hier vor?!

2983 AK, 14. Pharast

Wir... Ich bin nicht allein und ich bin gefangen. Idziviir ist wie ein Geschoss zum Portal geeilt. Sie kam gerade dreißig Meter weit, ehe etwas sie in Stücke gerissen hat. Ich habe ein Tor geöffnet – ein Tor –, aber es erwies sich als Einbahnstraße. Ich kann Wesen beschwören, aber ich komme hier nicht weg. Es lässt mich nicht! Wer oder was auch immer das Buch geschrieben hat, es will, dass ich die Formeln vervollständige. Wird es mich dann ziehen lassen? Ich glaube nicht... Ich verstehe nicht einmal, was passiert, wenn ich sie löse...

2983 AK, 17. Pharast

Diese Dinger wispern mir in Idziviirs Stimme von der anderen Seite der Tür und der Fenster zu. Ich habe keinerlei Kontrolle mehr. In der Magie schwimmen Namen, die alle nach der Freiheit schreien oder höhnisch versprechen, dass ich schon bald zu ihnen stoße, während der Erschaffer des Buches hungrig über den Abgrund herüberschaut. Ich habe versucht, die Magie rückgängig zu machen, die ich mein ganzes Leben schaffen wollte, doch es gelingt nicht. Ich habe versucht, den Anker zu lösen, der alles zusammenhält, aber die Magie ist auf mich zurückgeschlagen und hat meinen linken Arm zerschmettert. Ich kann so kaum noch Zauber wirken. Das Portal ist der einzige Weg hinaus und es lockt mich... verspottet mich... sichtbar, doch unmittelbar außerhalb meiner Reichweite. Dennoch ist es meine einzige Hoffnung. Oh, Sphärenlied, was habe ich getan?

Durchgefallen

Die Lebensweise der Xulgathen
Zevgavizeb
Finsterfraß
Kulte der Finsterlande
Vergessene Halbebenen
Das Erwachen der Kaiju
Für Zauberer...
Magische Gegenstände
Bestiarium

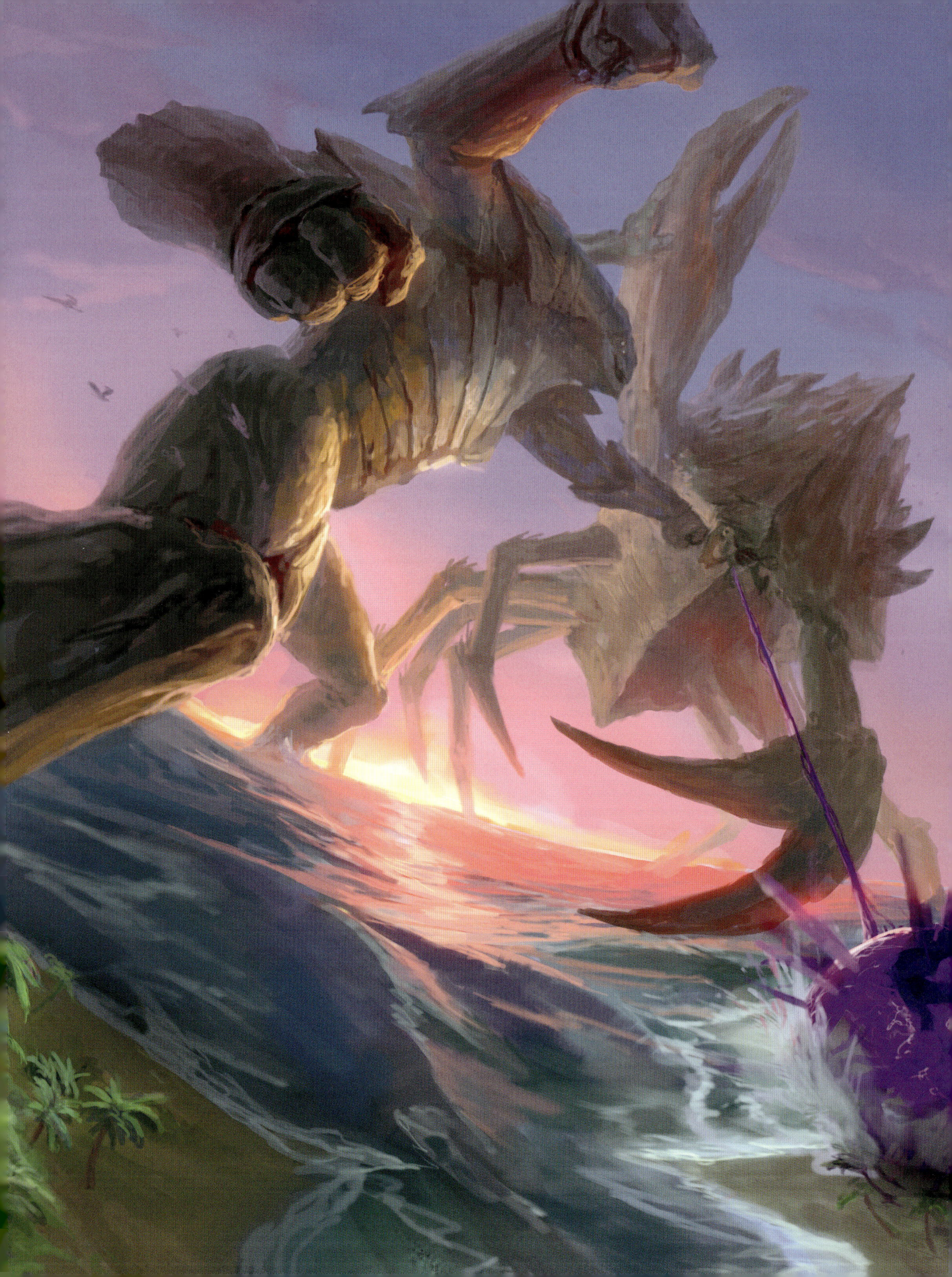

Das Erwachen der Kaiju

Die Erde bebt – das ist stets das erste Zeichen. Dann folgt eine niederschmetternde Druckwelle und in der Ferne erscheinen berghohe Schatten. Die Luft schmeckt nach Asche und Rauch und der Wind trägt schwache Schreie mit sich. Vögel und Tiere fliehen schweigend so schnell wie möglich, so wie Käfer vor dem sich herabsenkenden Fuß eines Humanoiden flüchten. Diese apokalyptischen Phänomene sind Zeichen eines unentrinnbaren, nahenden Unheils: der Kaiju!

„Kaiju" ist eine nebulöse Kategorie in die Wolken aufragender Monstrositäten, die abwechselnd tief schlafen und brutal wüten. Diese legendären Titanen überragen selbst die größten Drachen, Riesen und Konstrukte mühelos mit wenigstens 30 m Größe – und oftmals messen sie mehr als das Doppelte. Egal, ob sie als Götter verehrt oder als Sendboten der Vernichtung gefurchtet werden, sind Kaiju eine deutliche Erinnerung, wie schwach Golarions im Vergleich winzige Bewohner eigentlich sind. Ganze Gesellschaften sind bereits über Nacht aufgrund dieser unaufhaltsamen Giganten unter pyroklastischem Geröll verschwunden, kann doch schon ein umherwandernder Kaiju ein Königreich in einen Krater verwandeln.

Schlimmer noch sieht es aus, wenn ein Kaiju einen Ort absichtlich angreift – trotz all des Kollateralschadens, den er verursacht, ist sein konzentrierter Zorn weitaus tödlicher und kann im Grunde nur mit den blutigsten Kriegen verglichen werden, welche Humanoide jemals gegeneinander geführt haben.

Kein Kaiju ist wie der andere; ihre Ursprünge sind so variiert und rätselhaft wie ihre verschiedenen übernatürlichen Kräfte. Manche sind Geschöpfe mächtiger Wesen, die fremdartige Zwecke erfüllen sollen, wie z.B. Agmazar der Sternentitan. Andere wachsen unter der Kruste verfluchter Reiche heran und brechen schließlich daraus hervor, z.B. Yarthoon die Mondmade. Von anderen glaubt man, sie seien zusammen mit Golarion wie der restliche Kosmos geboren worden.

Neben der jeweils individuellen Geschichte und Legende bestimmen hauptsächlich die Fähigkeiten und das typische Verhalten eines Kaijus, wie in seiner Nähe lebende Leute von ihm denken. So fördern z.B. die Bewohner der Städte am Rande des Valaschmai-Dschungels begabte Musiker, da Musik die Wut von Mogaru, des Letztes Königs, besänftigen kann. Ebenso verehren manche Animisten die zweiköpfige, fliegende Agyra als Quelle machtvoller Stürme und könnten sogar zu ihrer Ehre Feste abhalten, um sie gnädig zu stimmen. Schrecken wie der krebsartige Frovith, der Herzog der Leere, dagegen erzeugen bei jenen, die diese unnatürlichen Kreaturen erblicken, nur abgrundtiefes Grauen.

Unabhängig von ihren Ursprüngen neigen Kaiju dazu, in Extremklimagebieten zu hausen – also fernab der gemäßigten Kontinente, auf denen die meisten Oberflächenvölker Golarions leben. In diesen fernen Landen könnten zwei Kaijus möglicherweise tagelang um die Herrschaft kämpfen, bis einer nachgibt. Da ein Kaiju aber nur selten tödlich verwundet wird, können diese Kreaturen Jahrtausende alt werden. Ein besiegter Kaiju zieht sich meistens zurück und legt sich schlafen, während seine Wunden ausheilen – und wenn er erwacht, geht es oft von vorne los.

Was genau einen Kaiju weckt oder erzürnt, variiert. Manche folgen einem vorgegebenen Schlafzyklus, andere reagieren auf kataklystische Ereignisse oder uralte Rituale. Die meisten scheinen irgendeinem Instinkt zu folgen, den sie befriedigen müssen, oder streben nach einem inneren Ausgleich, den sie mit ihrem Tun erzielen. Aus diesem und anderen Gründen werden Kaijus meistens auch als Götter verehrt. Viele Begabte zeigen auch eine gewisse Affinität zu einem oder mehreren dieser Giganten. Diese sogenannten „Kaijurufer" wissen intuitiv, dass die Motivation eines Kaijus oft auch seine Schwäche ist, und können diese urzeitlichen Instinkte nutzen, um vorherzusagen, wann ein Kaiju erwacht, um ihm eine Richtung zu weisen und in manchen Fällen sogar, um ihn zu kontrollieren.

Bei Pathfinder zählen Kaijus eher nicht zu den Kreaturen, die besiegt werden können. Sie sind mehr wandelnde Naturkatastrophen, die man irgendwie überstehen muss. Helden, die es mit einem Kaiju zu tun bekommen, stellen sich ihm meistens nicht direkt, sondern tun ihr Bestes, um das Schlimmste abzuwenden.

Auf den folgenden Seiten findest du vier von Golarions bekannten Kaijus aus diversen Regionen; jeder Eintrag enthält neben der Beschreibung des fraglichen Kaijus und seiner Routine und Taktik auch zwei Abenteueraufhänger, wie du die legendären Bestien in deine Kampagne integrieren kannst

Die Lebensweise der Xulgathen
Zevgavizeb
Finsterfraß
Kulte der Finsterlande
Vergessene Halbebenen
Das Erwachen der Kaiju
Für Zauberer...
Magische Gegenstände
Bestiarium

Cimurlian

DIE GROSSE BÄRIN DES EISIGEN NORDENS

Tief in den ewigen Schneefeldern der Krone der Welt schlummert eine Bestie, die wie ein Berg aus der weißen Öde ragt. Cimurlian, die Große Bärin des Eisigen Nordens, ähnelt einem gewaltigen Eisbären, der mehr als 120 m von der Schnauze bis zur Schwanzspitze misst. Kaum jemand hat die furchtbare Kaiju je erblickt, da ihr Fell weiß wie Schnee ist und ihrem Auftauchen stets blendende Schneestürme vorausgehen.

Würde Cimurlian stillstehen, sähe man nur ihre glühenden Augen – jedes so bedrohlich und teilnahmslos wie eine Sonne – inmitten des Sturms, der sie umgibt. Würde die Sonne jemals durch diesen Sturm dringen, würde ihr Licht in hellen Regenbögen von den massiven Eisbrocken reflektiert werden, die stachelartig aus ihrem Fell wachsen. Bei näherer Betrachtung würde man erkennen, dass Hunderte von Tierkadavern in den Eisstacheln eingefroren sind.

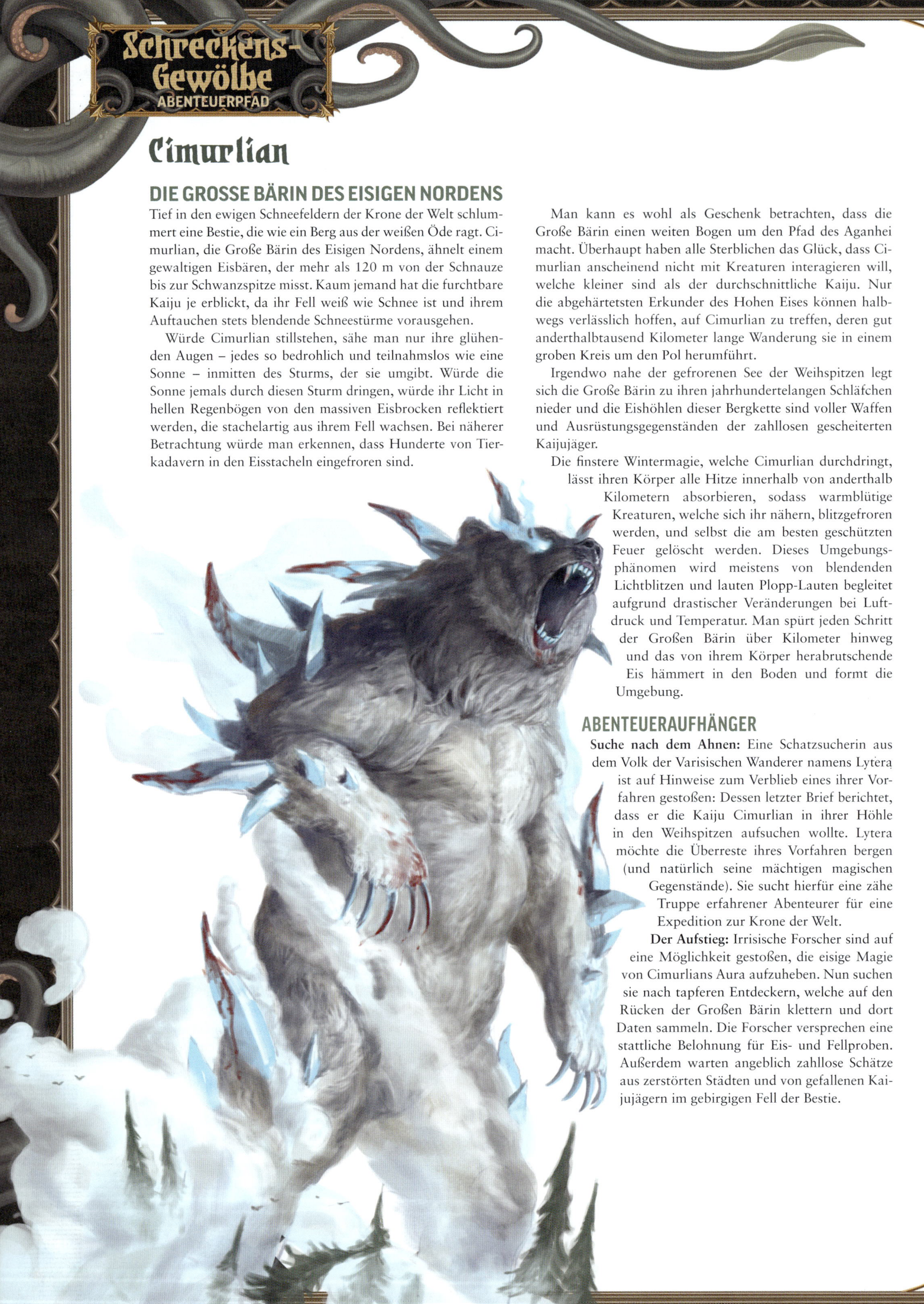

Man kann es wohl als Geschenk betrachten, dass die Große Bärin einen weiten Bogen um den Pfad des Aganhei macht. Überhaupt haben alle Sterblichen das Glück, dass Cimurlian anscheinend nicht mit Kreaturen interagieren will, welche kleiner sind als der durchschnittliche Kaiju. Nur die abgehärtetsten Erkunder des Hohen Eises können halbwegs verlässlich hoffen, auf Cimurlian zu treffen, deren gut anderthalbtausend Kilometer lange Wanderung sie in einem groben Kreis um den Pol herumführt.

Irgendwo nahe der gefrorenen See der Weihspitzen legt sich die Große Bärin zu ihren jahrhundertelangen Schläfchen nieder und die Eishöhlen dieser Bergkette sind voller Waffen und Ausrüstungsgegenständen der zahllosen gescheiterten Kaijujäger.

Die finstere Wintermagie, welche Cimurlian durchdringt, lässt ihren Körper alle Hitze innerhalb von anderthalb Kilometern absorbieren, sodass warmblütige Kreaturen, welche sich ihr nähern, blitzgefroren werden, und selbst die am besten geschützten Feuer gelöscht werden. Dieses Umgebungsphänomen wird meistens von blendenden Lichtblitzen und lauten Plopp-Lauten begleitet aufgrund drastischer Veränderungen bei Luftdruck und Temperatur. Man spürt jeden Schritt der Großen Bärin über Kilometer hinweg und das von ihrem Körper herabrutschende Eis hämmert in den Boden und formt die Umgebung.

ABENTEUERAUFHÄNGER

Suche nach dem Ahnen: Eine Schatzsucherin aus dem Volk der Varisischen Wanderer namens Lytera ist auf Hinweise zum Verbleib eines ihrer Vorfahren gestoßen: Dessen letzter Brief berichtet, dass er die Kaiju Cimurlian in ihrer Höhle in den Weihspitzen aufsuchen wollte. Lytera möchte die Überreste ihres Vorfahren bergen (und natürlich seine mächtigen magischen Gegenstände). Sie sucht hierfür eine zähe Truppe erfahrener Abenteurer für eine Expedition zur Krone der Welt.

Der Aufstieg: Irrisische Forscher sind auf eine Möglichkeit gestoßen, die eisige Magie von Cimurlians Aura aufzuheben. Nun suchen sie nach tapferen Entdeckern, welche auf den Rücken der Großen Bärin klettern und dort Daten sammeln. Die Forscher versprechen eine stattliche Belohnung für Eis- und Fellproben. Außerdem warten angeblich zahllose Schätze aus zerstörten Städten und von gefallenen Kaijujägern im gebirgigen Fell der Bestie.

Igroon

DER DRACHENFRESSER

Drachenartige flüstern einander Legenden über ein Wesen zu, dass sie nur „den Verschlinger" nennen. Drachen sind langlebig und die Erinnerungen ihrer Art reichen noch viel weiter zurück. Was ein Schauermärchen für frischgeschlüpfte, freche Jungdrachen ist, ist für ältere Drachen eine lebende Bedrohung. Sie erzählen von einem Kaiju, der so furchtbar ist, dass selbst Große Wyrme vor Furcht schlottern: Igroon, dem Drachenfresser!

Igroons Ursprünge sind unbekannt und sein Äußeres ist völlig fremdartig. Er ist ein gigantischer saurianischer Unhold aus tausenden spiegelnden Chitinplatten, welche blendend in der Sonne glänzen. Jede dieser Schuppen hat grob die Größe des Segels einer Galeone und besteht aus einer unbekannten Substanz von unnatürlicher Widerstandskraft. Selbst die heftigsten Schläge von Drachen und anderen Kaiju prallen einfach ab. Dasselbe gilt für magische und elementare Angriffe. Igroons zahlreiche Augen sind scheinbar zufällig über einen Bereich verteilt, den man grob als sein Gesicht bezeichnen kann. Sie sind ständig dabei, sich anzupassen und wirken dabei wie Mechanismen in elektrisch blauen Schattierungen.

Igroons metallische Zusammensetzung und die unheimliche Präzision seiner Bewegungen lassen manche annehmen, dass er ein Konstrukt sei – wer oder was aber einen derartigen Titanen erschaffen haben könnte, können sie nur raten. Trotz seiner Größe bewegt er sich elegant und mühelos durch sein Zuhause in den hohen Gebirgen von Shenmen im zentralen Tian Xia. Viele verlässliche Quellen behaupten, dass seine Schuppen das Licht biegen und ihn so tarnen können. Andere behaupten, dass seine Gestalt gar nicht festgelegt sei und er sich durch eigentlich unmögliche Engstellen zwängen und seinen ganzen Körper nach Belieben konfigurieren könnte. Alle sind sich in einem einig: Im schlimmsten Fall stimmen beide Theorien...

Igroons Beiname entspringt seiner gnadenlosen Jagd auf Drachen. Alle tianischen Drachen wissen von ihm und halten sich so fern wie möglich. Nur wenn Igroon sich an einem Drachen nährt, kann man sein ansonsten verborgenes Maul sehen – eine schuppige Öffnung, welche er aufreißt, indem er seinen gesamten Körper aushängt und so einen furchtbaren Schlund aus kantigen Metallplatten in seinem Unterleib öffnet. Neben Drachen verschlingt er auch ihre Schatzhorte; auf diese Weise gewinnt er möglicherweise die Materialien für seine Schuppen.

Die Humanoiden von Shenmen betrachten Igroon entweder als Segen oder Fluch in Abhängigkeit davon, welche Art von Drachen ihn jeweils anzieht. Orte, die von gefräßigen Unterweltdrachen oder jähzornigen Walddrachen tyrannisiert werden, könnten z.B. einen Bauern auswählen, welcher eine Drachenschuppe oder anderen Gegenstand mit dem Geruch des Tyrannen hoch in die umliegenden Hügel trägt, in der Hoffnung, so den Drachenfresser anzulocken. Andernorts, z.B. in der von Kaiserdrachen regierten Nation Xa Hoi, ist der Drachenfresser dagegen eine existentielle Bedrohung von allem, das den Leuten dort lieb und teuer ist.

Igroon unterdrückt die Effekte von Naturkatastrophen in einem kilometerweiten Radius und scheint die Energie der Welt zu seinen eigenen Zwecken zu absorbieren. Der Drachenfresser hat bereits Vulkanausbrüche in der Wirkung abgeschwächt, indem er Asche und Rauch eingeatmet und saubere Luft abgegeben hat. Ebenso hat er bereits Wirbel klaren Wetters inmitten kataklystischer Unwetter erschaffen. Der Drachenfresser kann diese Kräfte auch willentlich nutzen und so die Bewohner naher Ortschaften leichtsinnig machen, da selbst Geräusche gedämpft werden. Wenn Igroon mit seinen Schuppen rasselt, was ein ebenso furchtbarer wie hypnotisierender Anblick ist, produziert dies einen furchtbaren metallischen Lärm, welcher bei nahen Tieren die Organe zum Platzen oder sogar ganze Körper zum Explodieren bringen kann.

Nur wenige Dinge wecken Igroon, wobei die Anwesenheit von Drachen das Offenkundigste und Häufigste ist. Das andere sind plötzliche elementare Aktivitäten, z.B. das Öffnen eines großen Portals zu einer Elementarebene oder das Eintreffen eines Wesens von großer elementarer Macht auf Golarion. Ansonsten erwacht Igroon in etwa alle einhundert Jahre. In dieser Zeit ist meistens ein neues Dorf in seiner Nähe entstanden, deren Bewohner die freundlichen Wetterbedingungen nutzen. Wie viele andere Kaiju kehrt der Drachenfresser meistens zum Schlafen zurück, sowie er sein Ziel erreicht hat, es ist aber nicht bekannt, wie man ihn besänftigen könnte.

ABENTEUERAUFHÄNGER

Vernichtet die Versuchung: Igroon ist erwacht und jagt den Unterweltdrachen Dokwan. Dieser ist nicht daran interessiert, sich dem Drachenfresser zu stellen, sondern hält stetige Distanz. Stattdessen führt er Igroon auf einer Katz-und-Mausjagd über die Felder von Shenmen. Die betroffenen Ortschaften haben ihre Mittel zusammengelegt und ein beachtliches Kopfgeld auf Dokwan ausgesetzt – dies wird aber nicht einfach, ohne dabei in Igroons zerstörerischen Pfad zu stolpern.

Streit um die Schuppe: Während des letzten hungrigen Wütens durch die Ungezieferberge hat Igroon eine seiner gewaltigen Schuppen abgestoßen, welche sich in das hügelige Vorland eingegraben hat. Die Menschen, welche die Schuppe entdeckten, mussten sich alsbald vor mehreren verfeindeten Drachen zurückziehen, welche seitdem um die Schuppe kämpfen – auf der einen Seite der Kaiserdrache Xarmaas, auf der anderen Seite der Himmelsdrache Lunguin, welche natürlich beide ihre Diener und Handlanger dabeihaben. Vielleicht könnten tapfere Abenteurer vermitteln und so das fortlaufende Blutvergießen beenden (welches im schlimmsten Fall Igroon wecken und auf den Plan rufen könnte...)

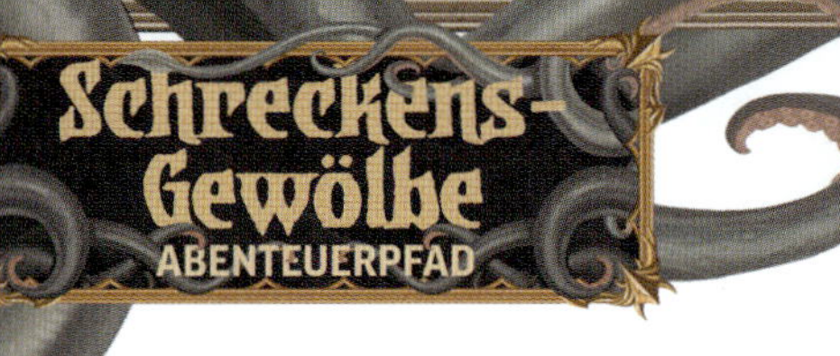

Jakabu

DER ÄTHERISCHE LEVIATHAN DER ÖSTLICHEN SEE

Es ist ebenso unvermeidbar wie der Sommerregen, dass Jakabu sich über die Ikkaku-Halbinsel der tianischen Nation Minkai hinwegbewegt. Dies geschieht in jeder Generation einmal und markiert das Ende einer Ära und den Beginn der nächsten.

Der Ätherische Leviathan ähnelt einem gewaltigen fliegenden Wal mit geisterhaft leuchtender Haut und ist groß genug, um eine ganze Stadt zu verschlingen. Seine eingesunkenen, roten Augen suchen seine Umgebung träge ab, wobei seine Absichten unklar bleiben. Der Gigant ist jederzeit von einer Wolke aus Geistern umgeben, welche verwesenden Möwen, skelettierten fliegenden Fischen und unbeschreibbaren Tentakelschrecken ähneln.

In den Wochen vor Jakabus Erscheinen werden die Gewässer an Minkais Nordküste unheimlich still und verhält sich das Meeresleben sehr verdächtig. Manche Fische bewegen sich gar nicht mehr – sie treiben an der Oberfläche, lebendig, aber bewegungslos. Möwen hocken auf der Reling von Schiffen und beäugen die Seeleute mit beunruhigender Konzentration. Abends kann man ein beschwingtes Stöhnen auf dem Wind hören, welches jeden Tag lauter wird. Letztendlich bricht Jakabu im dunkelroten Licht einer Mondfinsternis aus dem Wasser und erhebt sich in die Lüfte. Die nächsten 3 Tage wirft er einen Schatten über die Ikkakuhalbinsel.

Während dieser Zeit herrscht Dunkelheit in den Dörfern, Gasthäusern und Bauernhäusern von Ikkaku, da die Leute alle Lichter löschen von einer geraden Linie aus Fackeln abgesehen – diesem Pfad soll Jakabu zum Berg Kumijinja folgen, wo er in die Höhe steigt und unzeremoniell in den Wolken verschwindet. Ohne die wegweisenden Fackeln dagegen fliegt Jakabu ziellos über Minkai und sät Chaos, da er zuweilen in Gewässer abtaucht und mit der Schwanzflosse um sich schlägt, bis er zufällig sein Ziel findet. Sollte die Fackellinie unterbrochen werden – was in Kriegszeiten leicht passieren kann – kann dieses Chaos wochenlang anhalten, bis Jakabu heimfindet.

ABENTEUERAUFHÄNGER

Der Jungfrau der Herabfallenden Blätter: Jakabu ist nicht fern von Ikkakus Küste aufgetaucht, wo er in einem wochenlangen Toben Unheil verbreitet. Eine Priesterin Hei Fengs namens Haiziki behauptet, die Riten zu kennen, um Jakabu zu besänftigen, benötigt aber tapfere Leibwächter, welche sie durch seuchengeplagtes Gelände voller gefährlicher Kreaturen eskortieren, die sich von Jakabus verwesendem Fleisch ernähren. Dann müssen Haiziki und ihre Begleiter in Jakabus Leib vordringen, um die Riten durchzuführen und den Leviathan wieder in die Luft zu bekommen.

Das Weinen verlorener Seelen: Eine Expedition in Jakabus Kavernenmagen auf der Suche nach Schätzen ist furchtbar schiefgegangen. Bis Jakabu über dem Kumujinja wieder verschwindet, dauert es noch zwei Tage – kann eine Gruppe furchtloser Abenteurer sich in dieser Zeit einen Weg durch die rachsüchtigen Untoten in Jakabus Eingeweiden bahnen, die Expedition retten und nebenbei noch ein paar Relikte bergen?

Yorak

DER GEHÖRNTE DONNER

Der Nashornkaiju namens Yorak, der Gehörnte Donner, durchstreift die trockenen Ödlande von Shaguang in Tian Xia. Jeder seiner Donnerschritte lässt den Boden erbeben und hallt in den Leibern naher Wesen nach. Yoraks zerklüftete Haut scheint aus einem Berg gehauen zu sein, während sein Horn eine Felsnadel ist, die den Himmel durchbohren könnte. Seine hellen, jadegrünen Augen suchen beständig den Horizont ab, als halte er nach etwas Ausschau. Seine Bewegungen ähneln der Unausweichbarkeit der wechselnden Jahreszeiten. Man sagt, dass sein Weg wie die Gewitterstürme des Spätsommers über der Shaguangwüste sei. Natürlich erzeugt Yorak viele dieser Stürme selbst, welche ihm auf Schritt und Tritt folgen.

Die kolossale Gestalt des Gehörnten Donners ist ständig von großen Gewitterwolken umgeben, aus denen grüne Blitze schießen. Zuweilen schlagen sie in sein Horn, als wäre dies ein Blitzableiter. Wenn der Kaiju auf den Hinterbeinen steht und sich dem Himmel entgegenstreckt, ragt sein Kopf kurzfristig aus diesem Mahlstrom dunkler Wolken heraus. Doch selbst dann sieht man nur Umrisse und wirken seine grünen Augen wie Sterne, die am schwarzen Nachthimmel erstrahlen.

Der Gehörnte Donner ist das größte Wesen der Wüste. Er hasst hohe Gebäude und Strukturen und weicht von seinem Pfad ab, um sie niederzureißen. Er hat sogar schon Berge unter seinen blutbefleckten Hufen zerstampft. Seine mächtigsten Schläge hebt er sich aber für Kaiju auf, die sich in sein Revier verirren. Selbst dann aber verblasst seine in den Himmel aufragende Gestalt angesichts seiner Macht über Blitze – wehe jeder Kreatur, egal ob Humanoider oder Titan -, welche seinen verheerenden elektrischen Entladungen im Weg steht.

Die Mutabi-qi von Shaguang wissen bestens, wie weit sich Yoraks Revier erstreckt, und halten sich von seinen Grenzen fern. Ortsfremde Reisende dagegen müssen sich der Wanderroute des Gehörnten Donners, innerhalb derer Grenzen man problemlos ein Königreich unterbringen könnte, nur auf wenige Kilometer nähern, um die Nähe des Kaijus in den Knochen zu spüren. Das erste Anzeichen ist erhöhte Elektrizität in der Luft, die man zunächst als stets präsentes schwaches Kitzeln auf der Haut wahrnimmt, dann aber immer stärker wird, bis die kleinste Berührung blendende blaue Blitzbögen erzeugt. Der Nachhall von Yoraks Schritten könnte mit Schlägen eines Vorschlaghammers gegen die Brust verwechselt werden und dann gibt es noch die Momente, in denen die Bestie sich schüttelt und Lawinen aus Erde, Sand, Felsen und dergleichen auf den Wüstenboden donnern.

Im Gegensatz zu seinem stetigen, nachdenklichen Dahinschreiten ist Yorak sehr temperamentvoll und schnell zu erzürnen. Wird der Kaiju belästigt, stößt er entsetzliche Grunzlaute aus, mit denen aberhunderte von Blitzen einhergehen, die in alle Richtungen fahren. Die Mutabi-qi, deren Gebiete in Yoraks Revier ragen, bemühen sich, die Bestie zu besänftigen, indem sie oft Festlichkeiten mit Gesang, Tanz und vielen Trommeln abhalten, da dies ihr Temperament zu besänftigen scheint. Yorak scheint sich der normalen Leute in seinem Revier stärker bewusst zu sein, als dies bei anderen Kaijus der Fall ist, und reagiert auf große Tanzchoreographien mit großer Begeisterung. Er scheint seltsamerweise auch ein übernatürliches Gespür für mächtige Übeltäter zu besitzen und hat mit seinen Hufen schon die Schädel derart vieler Möchtegerntyrannen und Kriegsherren zerschmettert, dass es kaum ein Zufall sein kann. Angeblich haben die vielen Hundert von ihm zerstampften Despoten legendäre Waffen und Schätze hinterlassen, jedoch könnte jeder, der ein solches Relikt findet und mit sich führt, den Zorn des Kaijus erregen…

ABENTEUERAUFHÄNGER

Kampf der Titanen: Unerwartet ist Yorak dem Kaiju Zimivra, den Endlosen Windungen, begegnet und nun tobt schon seit Wochen der Kampf um sein Revier in der großen Shaguangwüste, nachdem Zimivra erstmal dorthin vorgedrungen ist. Jeder Schlag lässt die Erde beben und wirbelt Sandstürme auf, welche Nomadengruppen umhüllen und Oasen ersticken. Die Bewohner der Wüste stehen am Rand ihrer Möglichkeiten und die ganze Region droht unbewohnbar zu werden. Was hat Zimivras plötzlichen Angriff verursacht und wie könnte man den Kampf beenden?

Bis auch mein Leib zu einer Waffe wird: Es gibt Legenden über Yoraks Ursprünge – manche behaupten, er wäre einst ein Mensch gewesen, der nach der ultimativen Stärke gestrebt hätte. Angeblich hätte er den Höhepunkt der Macht erreicht und sei dann angesichts der kahlen Öde verzweifelt, die sich vor ihm erstreckte. Er vergaß, warum er eigentlich nach dieser Macht gesucht hatte, und seine Qual wuchs, bis sie ihn in ein nicht wiederzuerkennendes Monster verwandelte. Es ist zwar nicht belegbar, doch angeblich gibt es in einem Bergdorf am Rand von Shaguang eine Familie von Waffenschmieden, deren Ahnen Verbindungen zu dem Mann hatten, der zu Yorak wurde. Ausländische Mächte möchten Yoraks unglaubliche Stärke für sich nutzen und könnten nach der einzigen Tochter dieser legendären Schmiede suchen. Ja, ein anonymer Auftraggeber hat zudem für Abenteurer ein verlockendes Angebot: Beschützt die letzte Schmiedin vor fremden Entführern und erhaltet zum Lohn ein Bröckchen der uralten Schatzhaufen, welche Yoraks Wanderpfad säumen!

NEUE ARCHETYPEN

Phönixblutlinie

(UNGEWÖHNLICHE ZAUBERERBLUTLINIE)

Du wurdest von einem Phönix gesegnet oder hast vielleicht mit einem ähnlich gesegneten Individuum auf magische Weise interagiert.

Zauberliste Naturmagie

Blutlinienfertigkeiten Diplomatie, Naturkunde

Verliehene Zauber Zaubertrick: *Magie entdecken*; 1.: *Brennende Hände*; 2.: *Unsichtbares sehen*; 3.: *Feuerball*; 4.: *Flucht brechen*; 5.: *Lebensatem*; 6.: *Auflösung*; 7.: *Notfallzauber*; 8.: *Augenblickliche Erholung*; 9.: *Meteoritenschwarm*

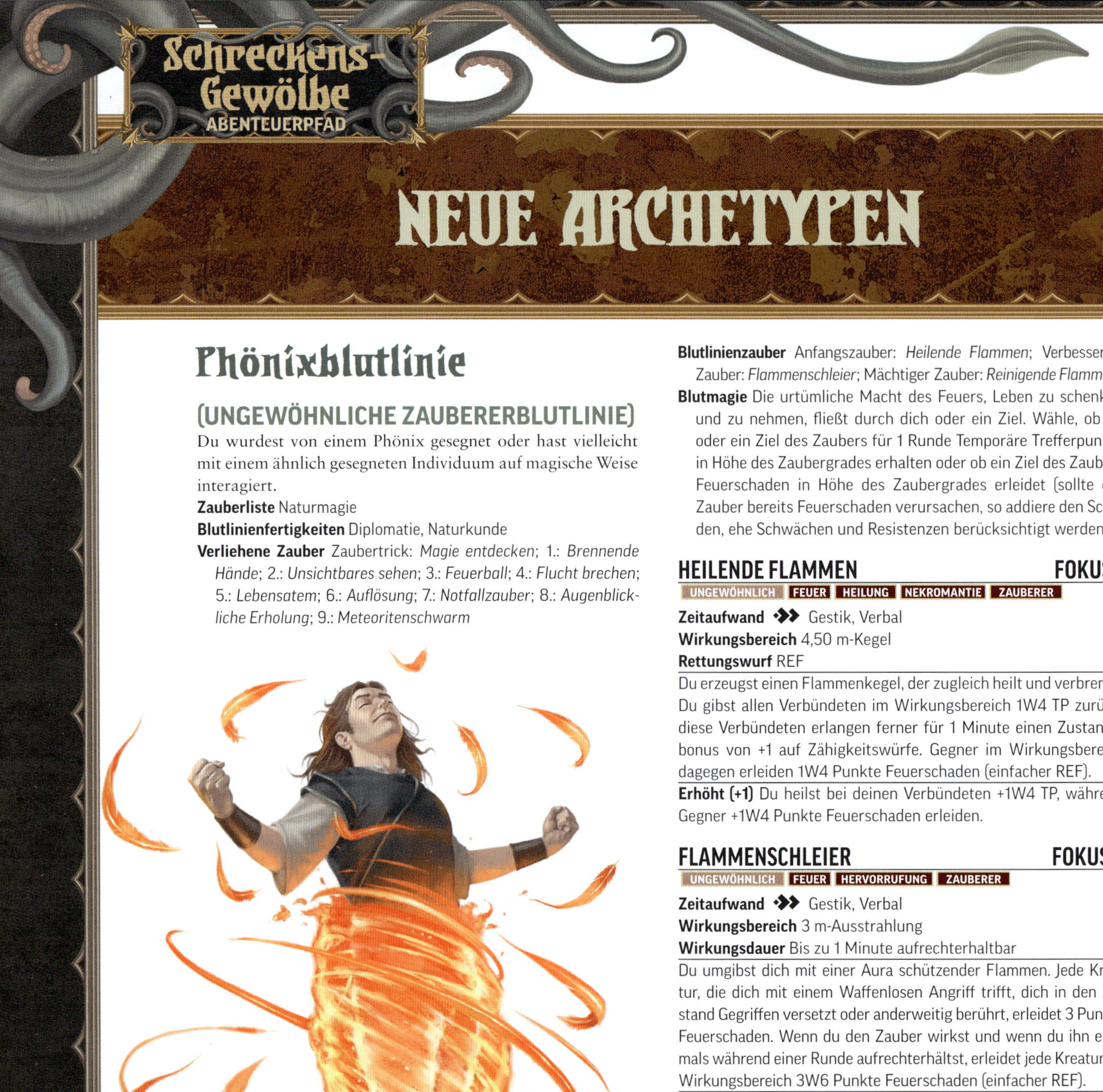

Blutlinienzauber Anfangszauber: *Heilende Flammen*; Verbesserter Zauber: *Flammenschleier*; Mächtiger Zauber: *Reinigende Flammen*

Blutmagie Die urtümliche Macht des Feuers, Leben zu schenken und zu nehmen, fließt durch dich oder ein Ziel. Wähle, ob du oder ein Ziel des Zaubers für 1 Runde Temporäre Trefferpunkte in Höhe des Zaubergrades erhalten oder ob ein Ziel des Zaubers Feuerschaden in Höhe des Zaubergrades erleidet (sollte der Zauber bereits Feuerschaden verursachen, so addiere den Schaden, ehe Schwächen und Resistenzen berücksichtigt werden).

HEILENDE FLAMMEN — FOKUS 1

UNGEWÖHNLICH | FEUER | HEILUNG | NEKROMANTIE | ZAUBERER

Zeitaufwand ◆◆ Gestik, Verbal

Wirkungsbereich 4,50 m-Kegel

Rettungswurf REF

Du erzeugst einen Flammenkegel, der zugleich heilt und verbrennt. Du gibst allen Verbündeten im Wirkungsbereich 1W4 TP zurück, diese Verbündeten erlangen ferner für 1 Minute einen Zustandsbonus von +1 auf Zähigkeitswürfe. Gegner im Wirkungsbereich dagegen erleiden 1W4 Punkte Feuerschaden (einfacher REF).

Erhöht (+1) Du heilst bei deinen Verbündeten +1W4 TP, während Gegner +1W4 Punkte Feuerschaden erleiden.

FLAMMENSCHLEIER — FOKUS 3

UNGEWÖHNLICH | FEUER | HERVORRUFUNG | ZAUBERER

Zeitaufwand ◆◆ Gestik, Verbal

Wirkungsbereich 3 m-Ausstrahlung

Wirkungsdauer Bis zu 1 Minute aufrechterhaltbar

Du umgibst dich mit einer Aura schützender Flammen. Jede Kreatur, die dich mit einem Waffenlosen Angriff trifft, dich in den Zustand Gegriffen versetzt oder anderweitig berührt, erleidet 3 Punkte Feuerschaden. Wenn du den Zauber wirkst und wenn du ihn erstmals während einer Runde aufrechterhältst, erleidet jede Kreatur im Wirkungsbereich 3W6 Punkte Feuerschaden (einfacher REF).

Erhöht (+1) Der Schaden, den man erleidet, wenn man dich berührt, steigt um +1 Punkt; der Feuerschaden, wenn du den Zauber wirkst und aufrechterhältst, steigt um +1W6 Punkte.

REINIGENDE FLAMMEN — FOKUS 5

UNGEWÖHNLICH | FEUER | HEILUNG | NEKROMANTIE | ZAUBERER

Zeitaufwand ◆◆ Gestik, Verbal

Reichweite Berührung; **Ziele** 1 Kreatur

Du hüllst das Ziel in reinigende Flammen. Du kannst einen Wurf zum Entgegenwirken gegen ein Gift oder einen Nichtflucheffekt ablegen, unter dem das Ziel leidet und der den Zustand Benommen, Erschöpft, Geblendet, Gelähmt, Kraftlos, Kränkelnd, Unbeholfen oder Verängstigt verleiht. Das Ziel kann wählen, die Flammen mit seiner eigenen Lebenskraft zu nähren; dies verleiht ihm den Zustand Ausgelaugt 1 (oder erhöht den Zustandswert für Ausgelaugt um 1) und dir einen Zustandsbonus von +1 auf deinen Wurf zum Entgegenwirken.

Sechste Säule-Archetyp

Die Sechste Säule repräsentiert eine Tradition, welche Kampfkunst und Magie vermischt. Traditionell ist dies eine Methode, um immanente oder Blutlinienmagie besser zu fokussieren und zu zügeln, sie kann aber von jedem genutzt werden, der des Zauberwirkens fähig ist.

SECHSTE-SÄULE-ZUGANG — TALENT 8

UNGEWÖHNLICH | ARCHETYP | ZUGANG

Voraussetzungen GE 14, Kompetenzgrad Experte in Akrobatik, Fähigkeit zum Zauberwirken

Du nutzt deine körperliche Disziplin, um deine Magie zu lenken. Sofern dein Kompetenzgrad in Waffenlosen Angriffen wenigstens Experte ist, verbessert sich auch dein Kompetenzgrad in Zauberangriffen zu Experte. Umgekehrt gilt dasselbe. Du erlangst ferner den Kompetenzgrad Experte in Athletik; solltest du bereits Experte in Athletik sein, so erlangst du den Kompetenzgrad Experte in einer Fertigkeit deiner Wahl.

Speziell Du kannst kein weiteres Zugangstalent wählen, bis du nicht zwei weitere Talente dieses Archetypen erhalten hast.

HALTUNG DER SECHSTEN SÄULE — TALENT 10

ARCHETYP | HALTUNG

Voraussetzungen Sechste-Säule-Zugang

Anforderungen Du trägst keine Rüstung.

Du steht standfest, stählst deinen Körper und Geist und lässt deine Magie fließen. In dieser Haltung erlangst du einen Situationsbonus von +4 auf deine RK gegen Reaktionen, die durch Aktionen der Kategorie Handhaben und/oder Konzentration ausgelöst werden. Wirkst du in dieser Haltung einen Zauber, der eine oder mehrere Aktionen erfordert, erhalten deine Waffenlosen Angriffe einen Situationsbonus von +1 auf den Schadenswurf.

IN DER BEWEGUNG ZAUBERN — TALENT 12

ARCHETYP

Voraussetzungen Sechste-Säule-Zugang

Auslöser Du beginnst einen Zauber zu wirken, der einen Zeitaufwand von wenigstens 2 Aktionen hat.

Du zapfst einen Teil der magischen Energie des Zaubers ab, um dich über das Schlachtfeld zu bewegen. Nutze die Aktion Aufstehen, Laufen oder Springen. Diese Handlung kann vor oder nach dem Wirken des Zaubers genutzt werden.

MEISTERSCHAFT DER SECHSTEN SÄULE — TALENT 16

ARCHETYP

Voraussetzungen Sechste-Säule-Zugang

Deine große Disziplin steuert dein magisches und körperliches Potential. Besitzt du einen Kompetenzgrad von Meister oder besser in Waffenlosen Angriffen, verbessert sich dein Kompetenzgrad in Zauberangriffen zu Meister; dasselbe gilt umgekehrt.

MAGISCHE HAND — TALENT 14

ARCHETYP | HANDHABEN | METAMAGIE

Voraussetzungen Sechste-Säule-Zugang

Du kannst die Kraft eines Zaubers so durch deinen Körper umlenken, dass du ihn mit einer Berührung übermitteln kannst. Sofern du als nächste Handlung einen Zauber mit wenigstens 1 Ziel und einer Reichweite größer als Berührung wirkst, kannst du die Reichweite zu Berührung ändern. Sollte der veränderte Zauber einen Zauberangriffswurf erfordern, erlangst du einen Situationsbonus von +2 auf den Angriff. Dies gestattet dir nur, ein einzelnes Ziel mit dem Zauber zu berühren, selbst wenn er zuvor mehr als 1 Ziel betroffen hätte. Nachdem du den Zauber gewirkt hast, kannst du das Ziel mit einem Waffenlosen Angriff angreifen, entwaffnen, fortstoßen oder zu Fall bringen.

MAGISCHE GEGENSTÄNDE

Die folgenden Seiten präsentieren neue magische Gegenstände, Ausrüstung der Xulgathen und Kriegsgeräte der Urdefhane, auf welche Abenteurer in den Finsterlanden stoßen könnten.

GOLEMGRIFFEL — GEGENSTAND 10

UNGEWÖHNLICH | MAGISCH | RESONANZ | VERWANDLUNG

Preis 850 GM

Nutzung In 1 Hand gehalten; **Last** L

Dieser kleine Stift mit diamantener Spitze erlaubt dir, ein magisches Symbol auf den Körper eines Golems zu zeichnen und ihn möglicherweise so unter deine Kontrolle zu bekommen.

Aktivierung ◆◆ Interagieren; **Häufigkeit** Einmal pro Stunde; **Effekt** Du zeichnest rasch ein Symbol auf einen angrenzenden Golem der maximal 11. Stufe. Der Golem muss einen Reflexwurf gegen SG 27 ablegen, bei Misslingen erlangst du für 1 Minute die Kontrolle über ihn. Ein von dir kontrollierter Golem ist dir gegenüber Hilfsbereit und befolgt deine Anweisungen nach bestem Können. Sollte sich sein ursprünglicher Herr innerhalb von 18 m befinden und ihn sehen können, kann er als Reaktion einen Wurf zum Entgegenwirken gegen SG 27 ablegen; bei Erfolg verschwindet dein Symbol und kehrt der Golem in den Ausgangszustand zurück. Deinem Symbol kann ferner mit *Magie bannen* entgegengewirkt werden. Sollte der Golem bereits das Symbol eines *Golemgriffelss* tragen, musst du als Teil der Aktivierung einen Wurf zum Entgegenwirken ablegen (nutze die Gegenstandstufe des Kiels oder deinen Modifikator für Arkane Künste als Modifikator des Entgegenwirkenwurfes. Bei Erfolg modifizierst du das bestehende Symbol und übernimmst die Kontrolle über den Golem.

SCHUNISCHAUFEL — GEGENSTAND 9

SELTEN | ERDE | MAGISCH

Preis 600 GM

Nutzung In 2 Händen gehalten; **Last** 2

Der Griff dieser kompakten, verzierten Schaufel besteht aus Gold und ist mit wunderschönem, blutrotem Landhaileder umwickelt. Das silberne Schaufelblatt setzt niemals Schmutz an und zeigt auch keine Abnutzungserscheinungen, egal wie oft die Schaufel benutzt wird. Sie ist imstande, aus eigener Kraft zu graben.

Aktivierung ◆◆ Befehl, Vorstellung; **Häufigkeit** Ein Mal am Tag; **Effekt** Stoße die Schaufel in den Boden und spezifiziere die Maße und die Richtung, in die gegraben werden soll, z.B. „ein Rechteck von 9 m mal 12 m mit 2,40 m Tiefe" oder „ein 9 m langer Graben". Die Schaufel erwacht dann zum Leben und gräbt mit einer Geschwindigkeit von einem Würfel mit 1,50 m Seitenlänge pro Minute, bis ihre Aufgabe ausgeführt ist oder jemand sie vorher ergreift. Sie kann durch Erde, Sand, Schnee, lockeren Boden und dergleichen graben, hält aber an, wenn sie auf Stein oder anderes festes Material stößt (wurde es ihr befohlen, gräbt sie auch um diese Hindernisse herum). Eine *Schunischaufel* erkennt, ob sie mit ihrer Arbeit ein Gebäude zum Einsturz bringen, einer Kreatur schaden oder andere deutliche Probleme verursachen wird; in einem solchen Fall stellt sie das Graben automatisch ein.

STEINSCHREITERRING — GEGENSTAND 12

UNGEWÖHNLICH | BESCHWÖRUNG | ERDE | MAGISCH | RESONANZ | TELEPORTATION

Preis 1.800 GM

Nutzung Getragen; **Last** L

Dieser einfache Eisenring trägt eine knollige Geode mit hellen purpurnen Kristallen. Dieser Ring verleiht dir die Fähigkeit, Schwieriges Gelände zu ignorieren, sofern es durch Geröll generiert wird, sowie unebenen Boden aus Erde und Stein.

Aktivierung 1 Minute; **Häufigkeit** Drei Mal am Tag; **Anforderungen** Du stehst auf einer wenigstens 1,50 m dicken Schicht aus Erde, Stein, Sand, Lehm o.ä.; **Effekt** Du sinkst in den Boden und trittst an anderer Stelle innerhalb von 150 Kilometern wieder hervor. Auch dort muss es eine entsprechende, wenigstens 1,50 m dicke Schicht aus Erde, Stein, Sand, Lehm o.ä. geben und du musst imstande sein, den Zielort genau zu identifizieren, wo er relativ zu deinem Startort liegt und wie er aussieht, bzw. anhand seiner Identifikationsmerkmale. Du kannst keine extradimensionalen Räume mit dir führen, sonst scheitert die Aktivierung.

Ausrüstung der Xulgathen

Die Lebensräume der Xulgathen sind in der Regel ungastlich und kaum bewohnbar. Entsprechend haben sie diverse Hilfsmittel zum Überleben entwickelt, um Raubtiere abzuwehren oder ihre Lebensqualität anderweitig zu verbessern.

ANKERSPEER — GEGENSTAND 13

UNGEWÖHNLICH | MAGISCH | VERWANDLUNG

Preis 2.800 GM

Nutzung In 1 Hand gehalten; **Last** 1

Die Spitze dieses *+2 Speers des Starken Schadens* ist groß und weist bösartige Haken auf. Der Schaft weist auf seiner ganzen Länge edle Silberlinien auf. Diese Speere werden von speziell ausgebildeten xulgathischen Reitern geführt und genutzt, das Entkommen von Gogitethen oder anderen Monstern zu vereiteln, die Graben oder Klettern können.

Aktivierung ◆ Befehl; **Effekt** Der Speer verlängert sich zu einem *+2 Langspeer des Starken Schadens*. Diese Aktivierung kann erneut genutzt werden, um ihn wieder in seine Speerform zurückzubringen.

Aktivierung ⮌ Befehl; **Häufigkeit** Einmal pro 10 Minuten; **Auslöser** Du fügst einer Kreatur mit dem Speer Schaden zu; **Effekt** Der Speer bohrt sich in die Kreatur und der Schaft spaltet sich entlang der silbernen Linien zu einer Reihe von Haken an einem dünnen, aber starken Kabel auf. Solange der Speer in der Kreatur steckt und diese Graben oder Klettern nutzt, behandelt sie normales Gelände als Schwieriges Gelände und Schwieriges Gelände als Sehr Schwieriges Gelände. Die Kreatur kann eine Aktion der Kategorie Interagieren für einen Wurf für Athletik gegen SG 32 nutzen, um freizukommen.

Kritischer Erfolg Der *Ankerspeer* wird entfernt, erhält den Zustand Beschädigt und fällt innerhalb der Angriffsfläche der Kreatur zu Boden.

Erfolg Der *Ankerspeer* wird entfernt, die Kreatur erleidet 1W8 Punkte Stichschaden und der Speer fällt in einem an die Kreatur angrenzenden Feld zu Boden.

Fehlschlag Der *Ankerspeer* bleibt stecken und die Kreatur erleidet 1W8 Punkte Stichschaden.

Kritischer Fehlschlag Wie beim Fehlschlag, die Kreatur erleidet aber 2W8 Punkte Stichschaden.

ANKYLOSTERN GEGENSTAND 13

UNGEWÖHNLICH | MAGISCH | VERWANDLUNG

Preis 2.800 GM

Nutzung In 1 Hand gehalten; **Last** 1

Diese Stachelkeule ist aus dem versteinerten Keulenschwanz eines jungen Ankylosaurus gefertigt. Sie kann als *+2 Morgenstern des Starken Schadens* geführt werden.

Aktivierung ◆ Befehl; **Effekt** Der *Ankylostern* wächst und verwandelt sich in eine *+2 Zweihandkeule des Starken Schadens*, behält dabei aber die Eigenschaft Vielseitig S des Morgensterns. In dieser Form hat die Waffe Last 2 und erfordert zum Führen zwei Hände. Sie kann mit einer erneuten Aktivierung in die Morgensternform zurückverwandelt werden.

Aktivierung ◆◆ Befehl, Interagieren; **Häufigkeit** Ein Mal am Tag; **Anforderungen** Der *Ankylostern* befindet sich in Zweihandkeulenform; **Effekt** Der Griff des *Ankylosterns* verlängert sich, während du die Keule in weitem Bogen schwingst. Greife bis zu drei Kreaturen in einem 4,50 m-Kegel an; dies zählt als ein Angriff hinsichtlich deines Malus für Mehrfachangriffe. Alternativ kannst du auch bis zu drei Kreaturen in einem 4,50 m-Kegel fortstoßen (lege gegen jede Kreatur einen eigenen Wurf für Athletik ab).

GRÜNES BRECHMITTEL GEGENSTAND 17

UNGEWÖHNLICH | ALCHEMISTISCH | GIFT | VERBRAUCHSGEGENSTAND

Preis 2.500 GM

Nutzung In 1 Hand gehalten; **Last** L

Aktivierung ◆ Interagieren

Dieses wässrige, minzgrüne Brechmittel aus xulgathischer Fertigung befindet sich oft in zerbrechlichen Obsidianphiolen oder ähnlichem. Sollte der Besitzer von einer Kreatur verschlungen werden, kann er die Phiole öffnen und die Kreatur zum Erbrechen bringen. Die Kreatur muss einen Zähigkeitswurf gegen SG 40 ablegen; bei Misslingen erleidet sie 18W6 Punkte Giftschaden und entleert möglicherweise den Inhalt ihres Magens.

Kritischer Erfolg Die Kreatur ist nicht betroffen.

Erfolg Die Kreatur erleidet halben Schaden.

Fehlschlag Die Kreatur erleidet vollen Schaden, erhält den Zustand Kränkelnd 1 und erbricht in ihrem nächsten Zug alle verschlungenen Kreaturen und anderen Dinge (dafür wendet sie 1 Aktion auf, die ihr zudem einen Zähigkeitswurf erlaubt, um den Zustandswert für Kränkelnd zu reduzieren).

Kritischer Fehlschlag Wie beim Fehlschlag, die Kreatur erleidet aber doppelten Schaden und erhält den Zustand Kränkelnd 2.

HÖHLENWURMABWEHRMITTEL GEGENSTAND 13+

UNGEWÖHNLICH | ALCHEMISTISCH | VERBRAUCHSGEGENSTAND

Nutzung In 1 Hand gehalten; **Last** L

Aktivierung 1 Minute (Interagieren)

Dieses stinkende Öl kann auf eine Kreatur aufgetragen oder in einem Kreis um einen Bereich mit 3 m Radius vergossen werden. Nach dem Auftragen währt es 24 Stunden lang, sofern es nicht vorher in 1minütiger Arbeit weggeschrubbt wird. Wird es auf eine Kreatur aufgetragen, meiden Höhlenwürmer der fraglichen Art (siehe unten, Kategorien) diese Kreatur im Nahkampf, solange sie andere Angriffsziele haben. Das Öl hält einen Höhlenwurm nicht von Fernkampfangriffen auf die Kreatur ab. Befinden sich keine Kreaturen im Angriffsradius eines Höhlenwurms und will dieser zu einem Nahkampfangriff vorrücken, so entscheidet er sich im Zweifel für eine nicht mit Öl bestrichene Kreatur, sofern der Aufwand identisch ist. Sollte die bestrichene Kreatur von einem Höhlenwurm der fraglichen Art verschlungen werden, muss der Höhlenwurm einen Zähigkeitswurf ablegen, bei Misslingen erbricht er die verschlungene Kreatur in der nächsten Runde (dies kostet ihn 1 Aktion).

Wird mit dem Öl ein Bereich gesichert, kommt es dort zu keinen Zufallsbegegnungen mit Höhlenwürmern der fraglichen Art, da diese den betroffenen Bereich meiden.

Andere Arten von Abwehrmitteln können nach Maßgabe des SL existieren und ähnlich funktionieren. Ungewöhnliche und Seltene Kreaturen sind meistens schwieriger abzuwehren. In manchen Fällen benötigt man Reagenzien wie Leber oder bestimmte Drüsen der fraglichen Kreaturen, um Abwehrmittel gegen die fragliche Spezies anfertigen zu können.

Kategorie Purpurwurmabwehrmittel; **Stufe** 13; **Preis** 550 GM

Kategorie Azurwurmabwehrmittel; **Stufe** 15; **Preis** 1100 GM; **Herstellungsvoraussetzungen** Als Zutat ist eine Azurwurmschuppe nötig.

Kategorie Karmesinwurmabwehrmittel; **Stufe** 18; **Preis** 4.500 GM; **Herstellungsvoraussetzungen** Als Zutat ist die Leber eines Karmesinwurms erforderlich.

KIEFERBRECHERSCHIELD GEGENSTAND 12

UNGEWÖHNLICH BANNMAGIE MAGISCH

Preis 1,650 GM

Nutzung In 1 Hand gehalten; **Last** 1

Dieser schwere Knochenschild besteht aus einer massiven Platte aus Dinosaurierknochen, deren Rand kantige, gezahnte Kämme trägt. Der Schild hat Härte 12, 48 TP und BW 24. Die Kämme sind nicht zu entfernende *+1 Schildstacheln des Schadens*, die Hieb- statt Stichschaden verursachen. Während du diesen Schild hältst, erlangst du einen Gegenstandsbonus von +3 auf deinen REF-SG gegen Verschlingen.

Aktivierung ⤾ Interagieren; **Auslöser** Eine Kreatur greift dich mit einem Biss-, Zahn- oder ähnlichem Angriff an, bei dem sie ihr Maul nutzt; **Effekt** Du führst als Reaktion einen Schildstoß gegen den Angreifer aus. Bei Erfolg erleidet das Ziel Schaden und muss einen Zähigkeitswurf gegen SG 31 ablegen. Die Effekte des Rettungswurfes treffen ein, nachdem der auslösende Angriff abgehandelt wurde.

Erfolg Das Ziel ist nicht betroffen.

Fehlschlag Du verletzt das Maul des Zieles; es erhält 1W6 Punkte Anhaltenden Blutungsschaden und für 2W4 Stunden einen Zustandsmalus von -2 auf Angriffs- und Schadenswürfe mit dem Maul.

Kritischer Fehlschlag Du brichst den Kiefer des Zieles. Wie beim Fehlschlag, aber die Kreatur kann 1 Minute lang keine Angriffe mit dem Maul ausführen. Am Ende ihres Zuges kann sie einen erneuten Zähigkeitswurf ablegen; bei Erfolg erlangt die Kreatur die Fähigkeit zu Angriffen mit dem Maul zurück.

STALAGMITENSPEER GEGENSTAND 11

UNGEWÖHNLICH BESCHWÖRUNG ERDE MAGISCH

Preis 1.200 GM

Nutzung In 1 Hand gehalten; **Last** L

Dieser *+2 Zurückkehrende Wurfspeer des Schadens* besitzt eine Steinspitze und ruft die Kraft der Erde zum Angriff auf deine Feinde auf.

Aktivierung ◆ Interagieren; **Häufigkeit** Ein Mal am Tag; **Effekt** Du schleuderst den Wurfspeer auf ein freies Feld innerhalb von 9 m Entfernung. Die Kraft des Wurfspeers fließt in den Boden, aus dem in einem 5 m-Explosionsradius messerscharfe, 3 m hohe Stalagmiten hervorbrechen. Die Stalagmiten bieten Kreaturen auf der einen Seite jeweils Deckung gegen Kreaturen auf der anderen Seite. Die betroffenen Felder sind Schwieriges Gelände.

Auf betroffenen Feldern befindliche Kreaturen werden zu den nächsten freien Feldern geschoben, dies ist eine erzwungene Bewegung; eine Kreatur muss einen Reflexwurf gegen SG 28 ablegen, bei Misslingen erhält sie 4W4 Punkte Stichschaden (bzw. doppelten Schaden und den Zustand Liegend bei einem Kritischen Fehlschlag). Eine Kreatur erleidet 4W4 Punkte Stichschaden pro Bewegungshandlung, mit der sie wenigstens ein betroffenes Feld betritt.

Die Stalagmiten in einem 1,50 m-Feld besitzen jeweils RK 10, Härte 14 und 30 TP und Immunität gegen Kritische Treffer und Präzisionsschaden. Durch einen zerstörten Abschnitt kann man sich ungehindert bewegen. Die Stalagmiten zerfallen nach 1 Minute zu Staub.

SPORENSCHLÄGER GEGENSTAND 11

UNGEWÖHNLICH FUNGUS HERVORRUFUNG MAGISCH

Preis 1.250 GM

Nutzung In 1 Hand gehalten; **Last** L

Dieser flexible *+2 Totschläger des Schadens* ist aus den Stielen von Höhlenpilzen hergestellt und mit einem Geflecht aus sporenbefallener Kiemenhaut umwickelt. Dämonenverehrende Xulgathen nutzen diese Totschläger, um Zauberwirker lebend zum späteren Opfern gefangen zu nehmen.

Aktivierung ⤾ Interagieren (Gift); **Häufigkeit** Drei Mal am Tag; **Auslöser** Du führst mit dem Totschläger einen erfolgreichen Angriff; **Effekt** Der *Sporenschläger* setzt ein Wölkchen betäubender Pilzsporen frei. Das Ziel muss einen Zähigkeitswurf gegen SG 28 ablegen; bei Misslingen erhält es für 1 Minute den Zustand Benommen 1 (bzw. Benommen 2 bei einem Kritischen Fehlschlag).

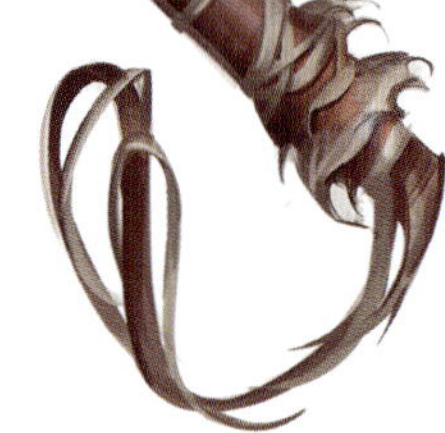

WIDERLICHE WESTE GEGENSTAND 13

SELTEN HERVORRUFUNG MAGISCH

Preis 2.800 GM

Nutzung Getragen; **Last** L

Dieser *+2 Waffenrock des Widerstandes* ist aus getrockneten Gedärmen, Organen und xulgathischen Duftdrüsen gewoben. Wenn du ihn trägst, stinkst du entsetzlich zum Himmel.

Aktivierung ◈ Vorstellung; **Auslöser** Du erhältst den Zustand Gegriffen oder wirst von einem Waffenlosen Angriff getroffen; **Effekt** Dein Angreifer muss einen Zähigkeitswurf gegen SG 28 ablegen. Kreaturen mit einer Gestankaura wie z.B. Otyughen und Xulgathen sind gegen diesen Effekt immun.

Erfolg Die Kreatur ist nicht betroffen und für 1 Minute gegen die Effekte der Rüstung immun.

Fehlschlag Die Kreatur erhält den Zustand Kränkelnd 1.

Kritischer Fehlschlag Die Kreatur erhält den Zustand Kränkelnd 1 und für 1 Minute den Zustand Verlangsamt 1.

Die Lebensweise der Xulgathen
Zevgavizeb
Finsterfraß
Kulte der Finsterlande
Vergessene Halbebenen
Das Erwachen der Kaiju
Für Zauberer...
Magische Gegenstände
Bestiarium

Urdefhanisches Kriegsgerät

Die ikonische Waffe der Urdefhane mag das Rhokaschwert sein, allerdings haben diese Kriegstreiber eine Fülle an Werkzeugen und Waffen entwickelt, die sie gegen ihre vielen Feinde einsetzen können.

SATTEL DES BOMBENWERFERS — GEGENSTAND 13

UNGEWÖHNLICH | GEFÄHRTE | MAGISCH | RESONANZ

Preis 2.800 GM

Nutzung Getragener Sattel; **Last** 2

Die Urdefhane haben diese Sättel für ihre Skavelingreittiere entwickelt, sie wurden aber rasch von anderen Völkern für deren Kavallerie kopiert. Dieser Ledersattel besteht aus Höhlenwurmleder und kann für diverse fliegende Reittiere verwendet werden. Neben dem Sitz für den Reiter verfügt der Sattel über ein Bombenfach an der Bauchseite des Reittiers. Dieses Fach fasst bis zu sechs alchemistische Bomben von maximal Leichter Last.

Aktivierung ◆ Interagieren; **Effekt** Du wirfst einen Gegenstand aus dem Fach des Sattels aus, der dann zu Boden fällt. Sollte der Gegenstand eine Bombe sein, so führe mit ihm einen Fernkampfangriff aus.

Aktivierung ◆◆ Interagieren; **Anforderungen** Das Sattelfach enthält zwei bis sechs Bomben; **Effekt** Du entleerst das ganze Fach und verstreust die Bomben unter dir. Lege einen Fernkampfangriff gegen RK 10 ab. Der RK steigt um 1 pro 1,50 m Höhe, in der du dich über dem Boden befindest. Bei einem Fehlschlag schlagen die Bomben irgendwo auf, ohne Schaden zu verursachen. Bei einem erfolgreichen Angriff zerbersten die Bomben und erzeugen einen Wirkungsbereich – jede abgeworfene Bombe betrifft ein Feld mit 1,50 m Seitenlänge (d.h. bei maximal 6 Bomben ist eine Linie von 9 m betroffen). Die Bomben treffen keine Kreaturen direkt, diese erleiden aber den üblichen Flächenschaden. Befindet sich eine Kreatur auf einem Feld, in dem Flächenschäden mehrerer Bomben überlappen, so addiere den Schaden, ehe Schwächen oder Resistenzen zur Anwendung kommen. Alle Effekte, welche normalerweise bei Flächenschaden zur Anwendung kommen, gelten auch im vorliegenden Fall (z.B. die Effekte des Talents Kalkulierter Radius).

GNADENLOSE SPOREN — GEGENSTAND 15

SELTEN | BANNMAGIE | MAGISCH

Preis 5.200 GM

Nutzung Getragene Fußkettchen; **Last** L

Diese bösartige aussehendenden Metallrädchen werden an den Knöcheln befestigt und klimpern beim Gehen, was einen Gegenstandsmalus von -1 auf Fertigkeitswürfe für Heimlichkeit generiert. Werden sie als Waffe eingesetzt, so behandle sie wie einen Stachelhandschuh.

Aktivierung ◆ Interagieren; **Häufigkeit** Einmal pro 10 Minuten; **Anforderungen** Du reitest auf einem Reittier; **Effekt** Du rammst beide Sporen in die Seiten deines Reittieres. Dein Reittier erleidet 2W6 Punkte Anhaltenden Blutungsschaden und für 1 Minute den Zustand Beschleunigt (dieser Zustand endet vorzeitig, sollte der Anhaltende Blutungsschaden vorher enden). Es kann die zusätzliche Aktion nur zum Laufen nutzen.

LETZTER ATEMZUG — GEGENSTAND 18

EINZIGARTIG | BÖSE | MAGISCH | NEKROMANTIE

Preis 23.500 GM

Nutzung In 1 Hand gehalten; **Last** 2

Die gezackten Zwillingsklingen dieses legendären Rhokaschwertes sind von stumpfem Schwarz. Von ihnen tropft beständig Blut. Man sagt, es wurde vor Jahrhunderten für einen unbekannten urdefhanischen General geschmiedet und sei seitdem in die Hände zahlloser anderer, mächtiger Urdefhan-Kriegsherren gefallen.

Letzter Atemzug ist ein *+3 Unheiliges Verwundendes Rhokaschwert des Starken Schadens* mit den folgenden besonderen Fähigkeiten:

Aktivierung ↻ Befehl; **Häufigkeit** Ein Mal am Tag; **Auslöser** Du landest bei einer Kreatur einen Treffer mit *Letzter Atemzug*; **Effekt** Du wirkt *Kreatur lähmen* auf Grad 9 auf das Ziel.

Aktivierung ↻ Vorstellung; **Häufigkeit** Einmal pro 10 Minuten; **Auslöser** Du landest bei einer Kreatur einen Treffer mit *Letzter Atemzug*; **Effekt** Das Ziel muss einen Zähigkeitswurf gegen SG 38 ablegen; bei Misslingen erleidet es 4W6 Punkte Negativen Schaden, während du in gleicher Höhe Temporäre Trefferpunkte für 1 Minute erhältst.

Erfolg Das Ziel erhält den Zustand Todgeweiht 1 und erleidet halben Schaden.

Fehlschlag Das Ziel erhält den Zustand Todgeweiht 2 und erleidet vollen Schaden.

Kritischer Fehlschlag Das Ziel erhält die Zustände Ausgelaugt 1 und Todgeweiht 2 und erleidet doppelten Schaden.

ZAUBERSTECKEN DER SCHWARZEN WÜSTE — GEGENSTAND 12+

UNGEWÖHNLICH | ERKENNTNIS | MAGISCH | STECKEN

Nutzung In 1 Hand gehalten; **Last** 1

Dieser grobe Metallstab trägt Säurenarben und wurde sandgestrahlt; in seiner Oberfläche sind tausende kaum wahrnehmbare Sandkristalle eingelassen. Während du den Stecken trägst, erlangst du einen Situationsbonus von +2 auf Fertigkeitswürfe für Okkultismus zum Identifizieren von in den Finsterlanden heimischen Aberrationen und Schlicken.

Aktivierung Wirke einen Zauber; **Effekt** Du wendest eine Anzahl an Ladungen des Steckens auf, um einen Zauber von der folgenden Liste zu wirken (mit einem Sternchen [*] markierte Zauber findest du im Kompendium zum AP *Zeit der Asche*):

Kategorie *Zauberstecken der Schwarzen Wüste*; **Stufe** 12; **Preis** 1.850 GM

Zaubertrick *Richtung wissen*

1. *Nahrung und Wasser erschaffen*, *Unauffälliger Diener*, *Wasser erschaffen*

2. *Dunkelsicht*, *Elementen trotzen*

3. *Fesseln der Erde*, *Gift neutralisieren*, *Zielsicheres Geleit*

4. *Luftwandeln*, *Scheingelände*, *Seiltrick*

5. *Sandsäulen**, *Schleier*

Kategorie *Starker Zauberstecken der Schwarzen Wüste*; **Stufe** 16; **Preis** 9.500 GM

6. *Beschwörung einer Wesenheit*, *Stich des Purpurworms*

7. *Faulbrandstrahlung**, *Sand kontrollieren**, *Ungehinderte Reise*

Herstellungsvoraussetzungen Steuere jeweils eine Anwendung jedes aufgeführten Zaubers zu jedem aufgeführten Grad bei.

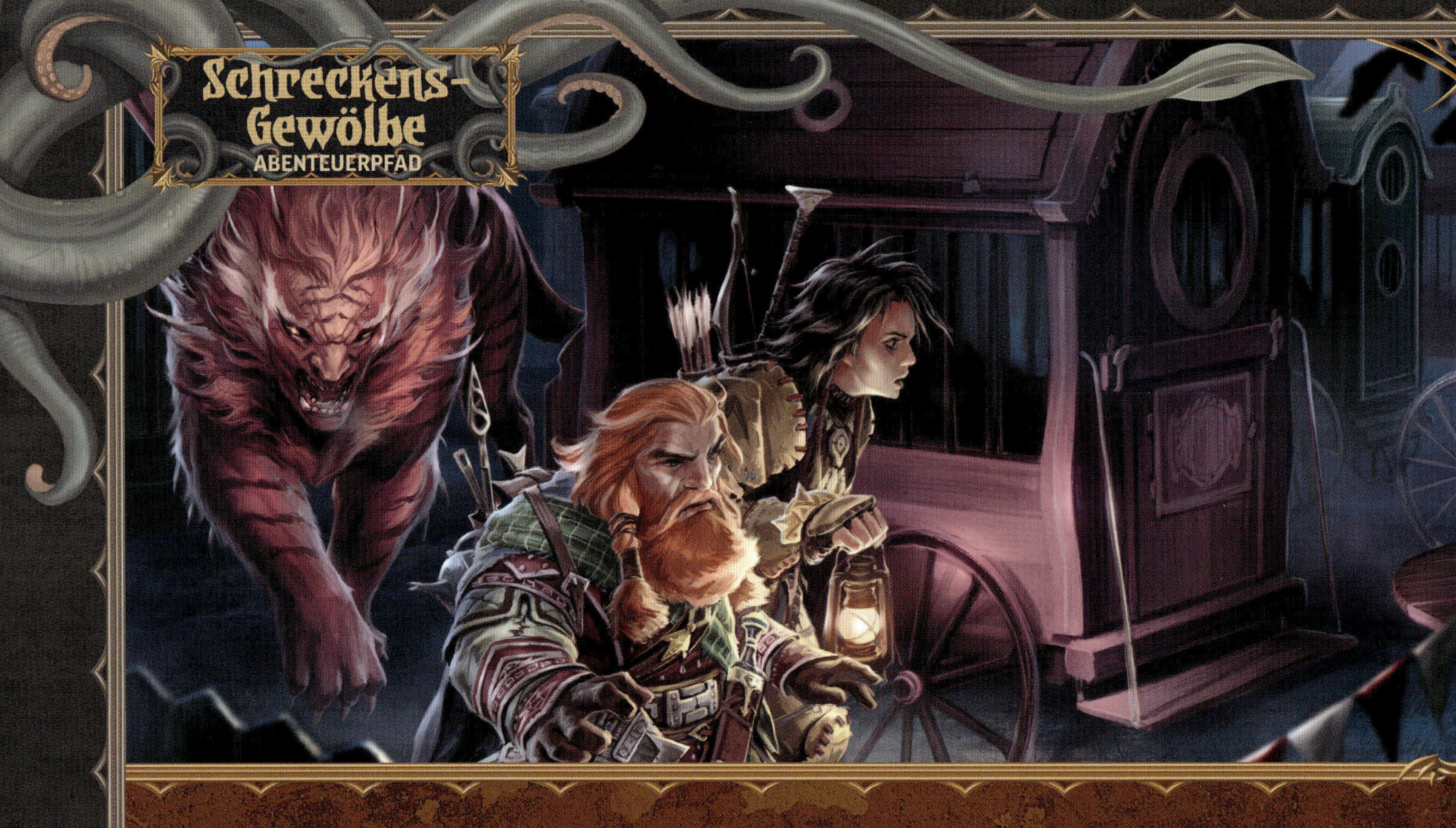

BESTIARIUM

Auf den folgenden Seiten findest du entsetzliche Bewohner der Finsterlande, welche den Helden bei Verstößen in die Tiefe begegnen könnten – bedenke, dass diese Kreaturen sich auch durchaus in Richtung der Oberfläche bewegen könnten und daher nicht zwangsläufig auf Begegnungstätten wie die Grüfte von Orv oder Sekamina angewiesen sind…

MONSTER NACH ALPHABET

Name	Seite
Ammut	45
Ararda (Faulbrandqarin)	51
Aukaschungi-Schwarm	46
Galleträger (Xulgath)	56
Gedankenräuber (Xulgath)	61
Grätenbrecher (Xulgath)	57
Murfel (Faulbrandqarin)	50
Obsidiangolem	48
Quraschit	49
Riesenaukaschungi	47
Säurespucker (Xulgath)	59
Steingebundener (Xulgath)	58
Tiefensprecher (Xulgath)	60
Urdefhan-Dominator	53
Urdefhan-Jäger	52
Urdefhan-Oberfolterer	52
Viskithrel	54
Xilvirek	55

MONSTER NACH HG

HG	Name	Seite
2	Galleträger (Xulgath)	56
5	Grätenbrecher (Xulgath)	57
8	Steingebundener (Xulgath)	58
10	Aukaschungi-Schwarm	46
10	Säurespucker (Xulgath)	59
10	Urdefhan-Oberfolterer	52
12	Tiefensprecher (Xulgath)	60
12	Urdefhan-Jäger	52
12	Xilvirek	55
14	Riesenaukaschungi	47
14	Urdefhan-Dominator	53
15	Viskithrel	54
16	Murfel	50
16	Obsidiangolem	48
17	Gedankenräuber (Xulgath)	61
17	Quraschit	49
18	Ammut	45
18	Ararda	51

Ammut

Diese chimärenartigen, in der Wüste lebenden Scheusale haben gewaltige Körper, die in Teilen einem Flusspferd, einer großen Wildkatze und einem Krokodil ähneln. Obwohl sie Seelen zur Ernährung verzehren, sind Ammuti berüchtigt wählerische Esser. Die meisten fressen nur erfahrene Abenteurer oder als Leckerbissen besonders böse Kreaturen. Gewöhnliche Menschen oder solche, deren Mut noch nicht auf die Probe gestellt wurde, lassen sie jedoch links liegen.

Es sind nur wenige Ammuti bekannt, von denen die meisten in Osirion leben. Jüngste Expeditionen in die Grüfte von Orv in der Schwarzen Wüste haben allerdings zur Erkenntnis geführt, dass auch in dieser Region Ammuti existieren.

AMMUT — KREATUR 18

SELTEN NB RIESIG SCHEUSAL

Wahrnehmung +33; Dunkelsicht, Geruchssinn (ungenau) 9 m, *Wahrer Blick*

Sprachen Celestisch, Infernalisch, Telepathie 30 m

Fertigkeiten Athletik +34, Einschüchtern +33, Heimlichkeit +35, Okkultismus +29, Religion +32

ST +8, **GE** +7, **KO** +9, **IN** +3, **WE** +6, **CH** +7

RK 41; **REF** +27, **WIL** +28, **ZÄH** +35

TP 350; **Immunitäten** Böses; **Resistenzen** Feuer 20, Gift 20; **Schwächen** Gutes 20

Bewegungsrate 15 m, Graben 9 m

Nahkampf ◆ Klaue +32 (Agil, Angriffsradius 3 m), **Schaden** 3W8+16 Hiebschaden plus Siechende Wunde

Nahkampf ◆ Fuß +30 (Gefährlich W10), **Schaden** 4W8+12 plus Betäubt 1 (ZÄH, SG 38, keine Wirkung)

Nahkampf ◆ Biss +32 (Angriffsradius 4,5 m), **Schaden** 3W12+16 Stichschaden plus Verbessertes Ergreifen

Immanente Göttliche Zauber SG 37; **6.** *Kreatur beherrschen*; **Ständig 6.** *Gesinnung entdecken* (nur Böse), *Wahrer Blick*

Odemwaffe ◆◆ (Feuer, Fluch, Göttlich, Hervorrufung) Der Ammut stößt einen Flammenstrahl aus, welcher 18W6 Feuerschaden bei allen Kreaturen in einem 9 m-Kegel verursacht (einfacher REF, SG 37). Der Ammut kann diese Fähigkeit erst nach 1W4 Runden erneut nutzen.

Schnelles Verschlingen ⤾ **Auslöser** Der Ammut Ergreift eine Kreatur **Effekt** Der Ammut nutzt Verschlingen.

Seele verschlingen (Fluch, Tod, Göttlich, Nekromantie) Sinken die TP einer Kreatur auf 0, während sie von einem Ammut verschlungen ist, wird ihre Seele konsumiert. Die Kreatur stirbt augenblicklich und kann nur durch *Wunder*, *Wunsch* oder ähnliche Magie ins Leben zurückgebracht werden.

Siechende Wunde (Fluch, Göttlich, Nekromantie) Erleidet eine Kreatur durch den Angriff einer Klaue Schaden, muss sie einen Willenswurf gegen SG 37 ablegen; bei einem Fehlschlag erhält sie die Zustände Kraftlos 1 und Ausgelaugt 1 (oder bei einem kritischen Fehlschlag Kraftlos 2 und Ausgelaugt 2). Die Zustände können nicht abgeschwächt werden, bis der Fluch gebrochen ist. Der Fluch wiederum kann nicht gebrochen werden, bis der Schaden durch den Klauen-Angriff vollständig geheilt wurde. Eine von Siechende Wunde befallene Kreatur hat täglich einen neuen Rettungswurf ablegen: Bei einem Fehlschlag erhöhen sich die Zustände für Kraftlos und Ausgelaugt um 1. Stirbt das so verfluchte Opfer, wird seine Seele wie in der Ammut-Fähigkeit Seele Verschlingen beschrieben zerstört.

Verschlingen ◆ Groß, 3W12+8, Wuchtschaden, Befreien 32

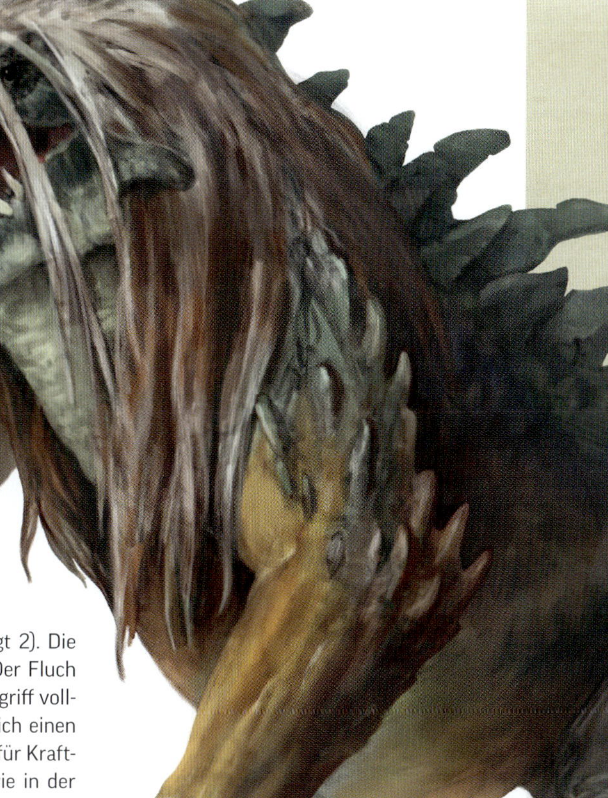

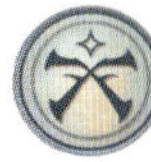

DER SPEISEPLAN DER AMMUTI

Im Band 36 der Chronik der Kundschafter erzählt Tarana Geschepalamori in einem Artikel, wie sie einen Angriff durch einen Ammut überlebte, weil sie von der Bestie als „Schonkost-Seele" abgetan wurde. Sie befragte anschließend das Scheusal, das ihr mitteilte, dass ein Ammut eine Seele so „schmeckt", wie ein Chefkoch die Zutaten eines Gerichts schmecke. Die köstlichsten Seelen seien jene Seelen, die großes Leid und Böses erlebt oder zugefügt haben – letzte seien besonders lecker.

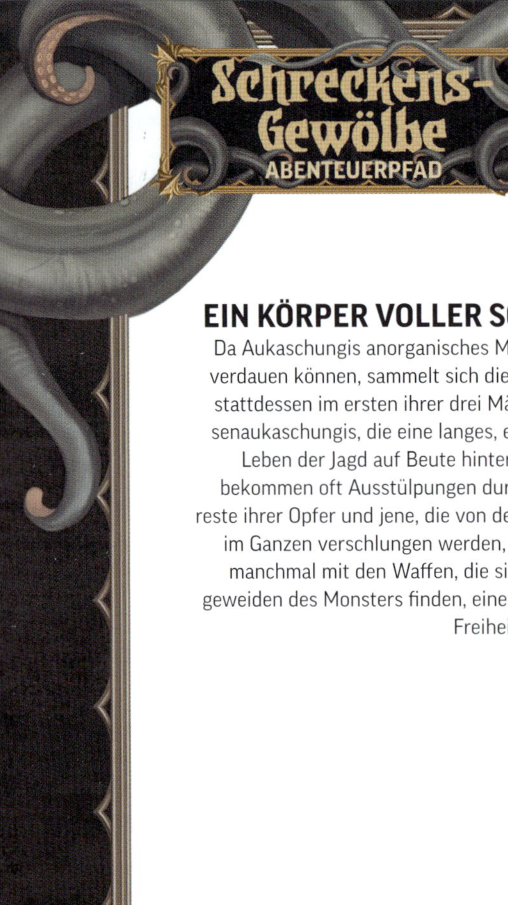

EIN KÖRPER VOLLER SCHÄTZE

Da Aukaschungis anorganisches Material nicht verdauen können, sammelt sich dieses Material stattdessen im ersten ihrer drei Mägen an. Riesenaukaschungis, die eine langes, erfolgreiches Leben der Jagd auf Beute hinter sich haben, bekommen oft Ausstülpungen durch die Überreste ihrer Opfer und jene, die von den Kreaturen im Ganzen verschlungen werden, können sich manchmal mit den Waffen, die sie in den Eingeweiden des Monsters finden, einen Weg in die Freiheit schneiden.

Aukaschungi

Diese riesigen Asseln sind im abyssischen Reich Finsterfraß heimisch - genauer gesagt in den Säuremeeren des massiven Höhlennetzwerks jenes Reichs. Manchmal werden Aukaschungis von Zevgavizeb-Kultisten auf die materielle Ebene beschworen. Diese schätzen die Aukaschungis für ihren hirnlosen Gehorsam und ihr schieres Zerstörungspotenzial.

AUKASCHUNGI-SCHWARM

AUKASCHUNGI-SCHWARM — KREATUR 10

UNGEWÖHNLICH | CB | RIESIG | ABERRATION | AMPHIBIE | SCHWARM

Wahrnehmung +18; Mächtige Dunkelsicht; Erschütterungssinn (unpräzise) 9 m

Fertigkeiten Athletik +20

ST +4, **GE** +6, **KO** +5, **IN** -4, **WE** +1, **CH** -2

RK 28; **REF** +24, **WIL** +13, **ZÄH** +17

TP 210; **Immunitäten** Präzisionsschaden, Schwarmbewusstsein; **Resistenzen** Hiebschaden 5, Stichschaden 10, Wuchtschaden 10; **Schwächen** Flächenschaden 10, Spritzschaden 10

Bewegungsrate 10,50 m, Graben 10,50 m

Grabende Agonie ◆ Der Schwarm verursacht bei jeder Kreatur in seinem Feld 4W6 Stichschaden und 2W4 Anhaltenden Blutungsschaden (einfacher Reflexwurf mit SG 29). Wenn eine Kreatur zum ersten Mal in einer Runde der Grabenden Agonie betroffen ist, ist sie auch der Prompten Evolution ausgesetzt.

Prompte Evolution (Fluch, Krankheit) Ohne eine erfolgreiche Behandlung mit *Fluch entfernen* oder einen vergleichbaren Effekt kann weder das Leiden unter die Phase 1 gebracht werden, noch kann der Schaden daraus geheilt werden. **Rettungswurf** ZÄH, SG 27; **Phase 1** Der Aukaschungi-Schwarm wählt zwei Attributsmodifikatoren des Opfers (z.B. ST und CH) aus. Das Opfer erhält einen Zustandsbonus von +1 auf alle Fertigkeitswürfe, die diese Modifikatoren verwenden. Auf alle anderen Fertigkeitswürfe erhält das Opfer einen Zustandsmalus von -1 (1 Tag); **Phase 2** Der Zustandsmalus erhöht sich auf -2 (1 Tag); **Phase 3** Der Zustandsbonus erhöht sich auf +2 und der Zustandsmalus auf -3 (1 Tag); **Phase 4** Der Zustandsmalus erhöht sich auf -4 (1 Tag).

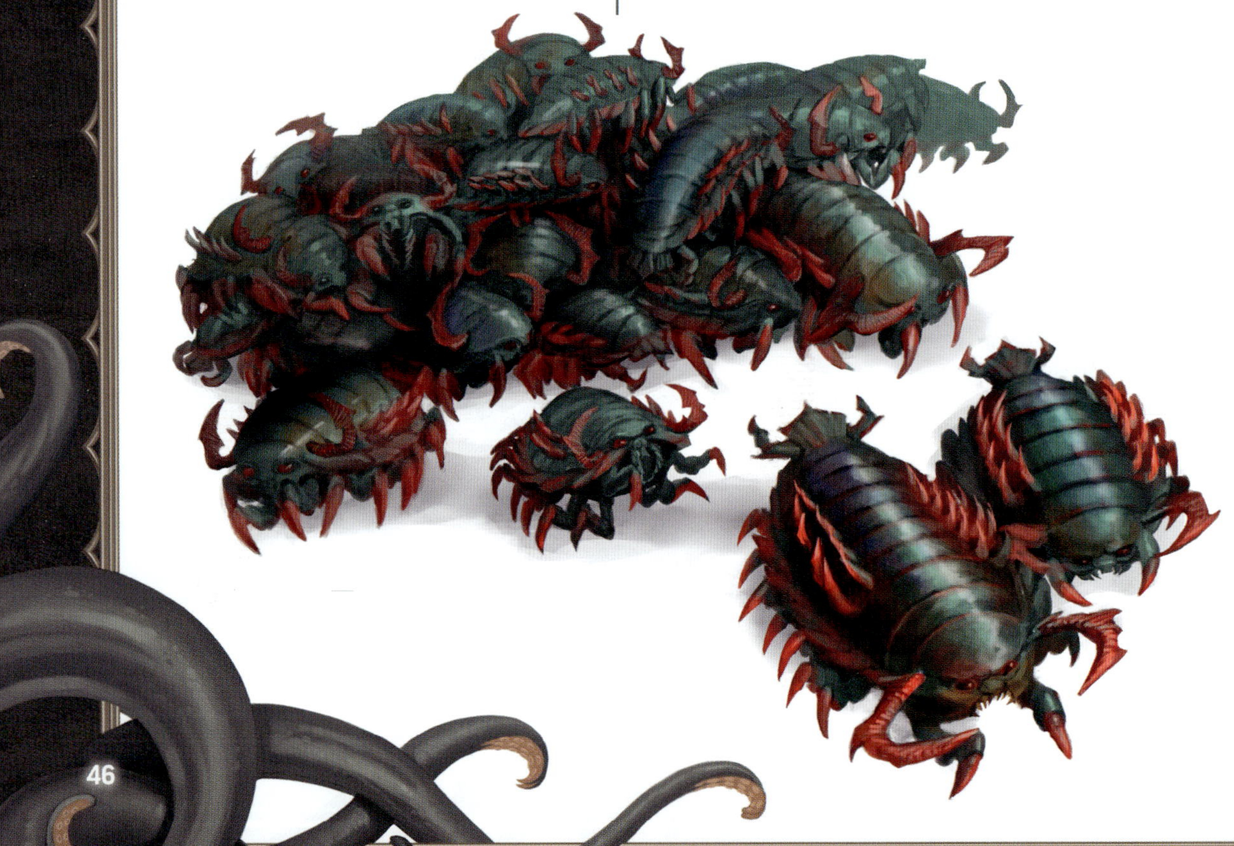

RIESENAUKASCHUNGI

Das stärkste Exemplar eines Aukaschungi-Schwarms entwickelt womöglich enorme Proportionen.

RIESENAUKASCHUNGI KREATUR 14

UNGEWÖHNLICH CB RIESIG ABERRATION AMPHIBIE

Wahrnehmung +24; Starke Dunkelsicht

Fertigkeiten Athletik +29

ST +7, **GE** +7, **KO** +6, **IN** -4, **WE** +3, **CH** -2

RK 36; **REF** +25, **WIL** +21, **ZÄH** +28

TP 300; **Resistenzen** Hiebschaden 15, Stichschaden 15, Wuchtschaden 10

Hilflose Rückenlage Ein Riesenaukaschungi, der auf den Rücken gedreht wird, kann sich nicht bewegen und gibt seine weiche Unterseite preis. Immer wenn eine Kreatur einen Kritischen Erfolg bei einem Nahkampfangriff gegen einen Riesenaukaschungi erzielt, kann die angreifende Kreatur auf ihren Bonusschaden verzichten um den Riesenaukaschungi auf den Rücken zu drehen (alle anderen Effekte des Kritischen Treffers wie beispielsweise Kritische Spezialisierungseffekte werden normal angewandt). Während er umgedreht ist, kann der Riesenaukaschungi keine Reaktionen nutzen, er kann nicht Laufen oder Angreifen, er erhält einen Situationsmalus von -2 auf seine RK und seine Rettungswürfe, er verliert seine Resistenzen und erhält die Schwäche Körperlich 10. Der Aukaschungi kann sich selbst wieder auf die richtige Seite drehen, indem er seine Fähigkeit Zusammenrollen nutzt und anschließend eine Aktion aufwendet, um sich wieder zu entrollen.

Bewegungsrate 7,50 m, Graben 7,50 m

Nahkampf ◆ Biss +29 (Angriffsradius 3 m), **Schaden** 3W12+13 Stichschaden plus Verbessertes Ergreifen

Nahkampf ◆ Horn +27 (Gefährlich 2W8, Reichweite 4,50 m), **Schaden** 3W8+13 Stichschaden

Ätzende Flatulenz ◆◆ (Säure) Der Riesenaukaschungi stößt ätzendes Gas in einer 9 m-Explosion aus seinen Bauchdrüsen aus. Jede Kreatur, die ihren Zug im Wirkungsbereich beginnt, erhält 10W8 Punkte Säureschaden plus 2W8 Punkte anhaltenden Säureschaden (einfacher ZÄH, SG 32). Das Gas bewegen sich jede Runde 3 m vom Riesenaukaschungi weg und verschwindet erst nach 1 Minute. Der Riesenaukaschungi kann Ätzender Ausfluss innerhalb 1 Minute nicht noch einmal einsetzen.

Zusammenrollen ◆◆ Der Aukaschungi schützt seine weiche Unterseite, indem er sich in einen geschlossenen Ball zusammenrollt. Der Aukaschungi erhält einen Situationsbonus von +2 auf seine RK, während er zusammengerollt ist, kann jedoch weder laufen noch angreifen und rollt abwärts, falls er sich auf einer Schräge befindet. Falls der Aukaschungi eine Kreatur ergriffen hat, während er sich zusammenrollt, muss diese Kreatur einen Zähigkeitswurf gegen SG 25 ablegen um nicht verschlungen zu werden. Der Aukaschungi kann sich mit einer einzeln Aktion wieder entrollen (diese Aktion hat die Kategorie Bewegung).

Verschlingen ◆ (Offensiv) Groß, 15W6+6 Wuchtschaden, Befreien 27

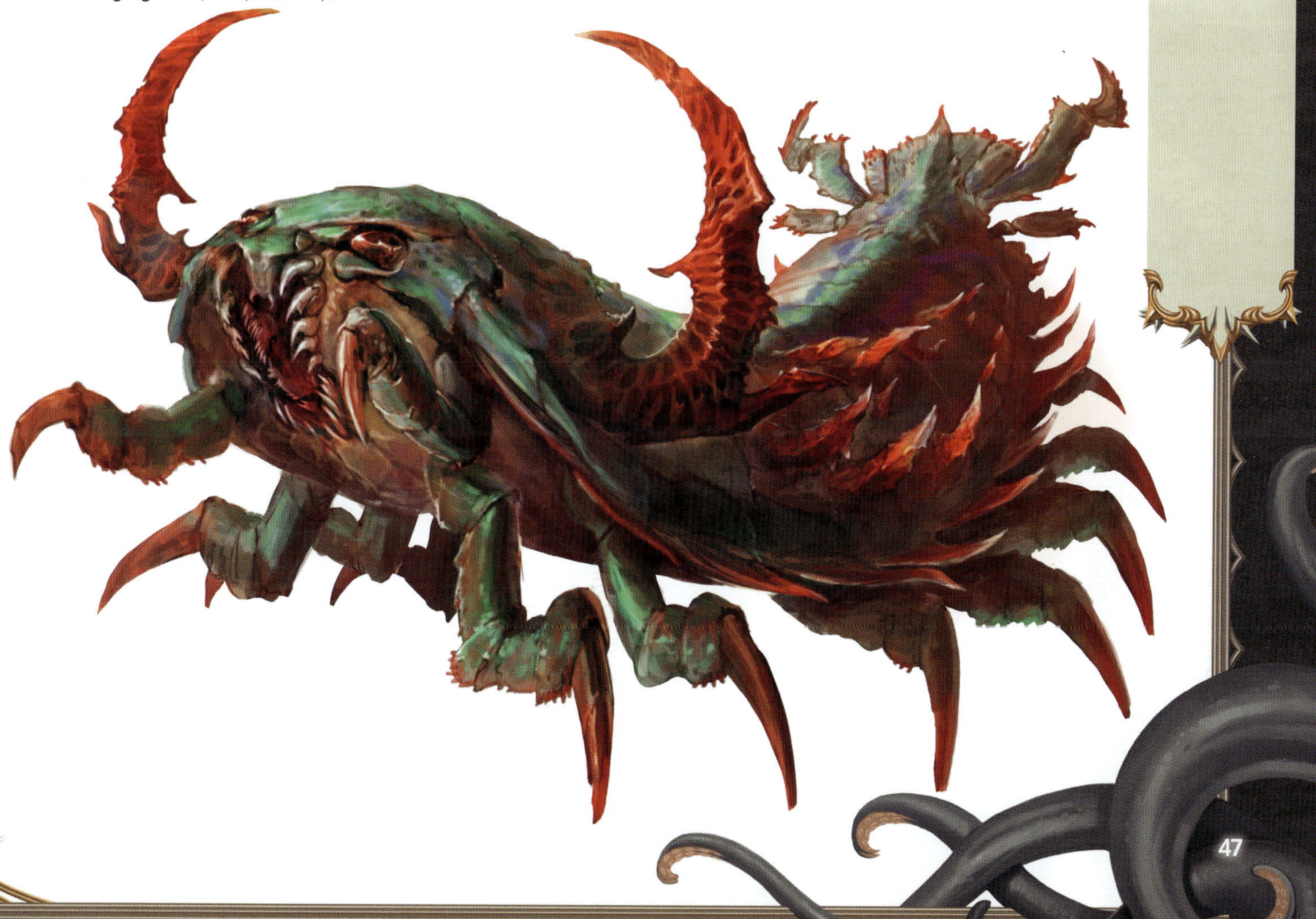

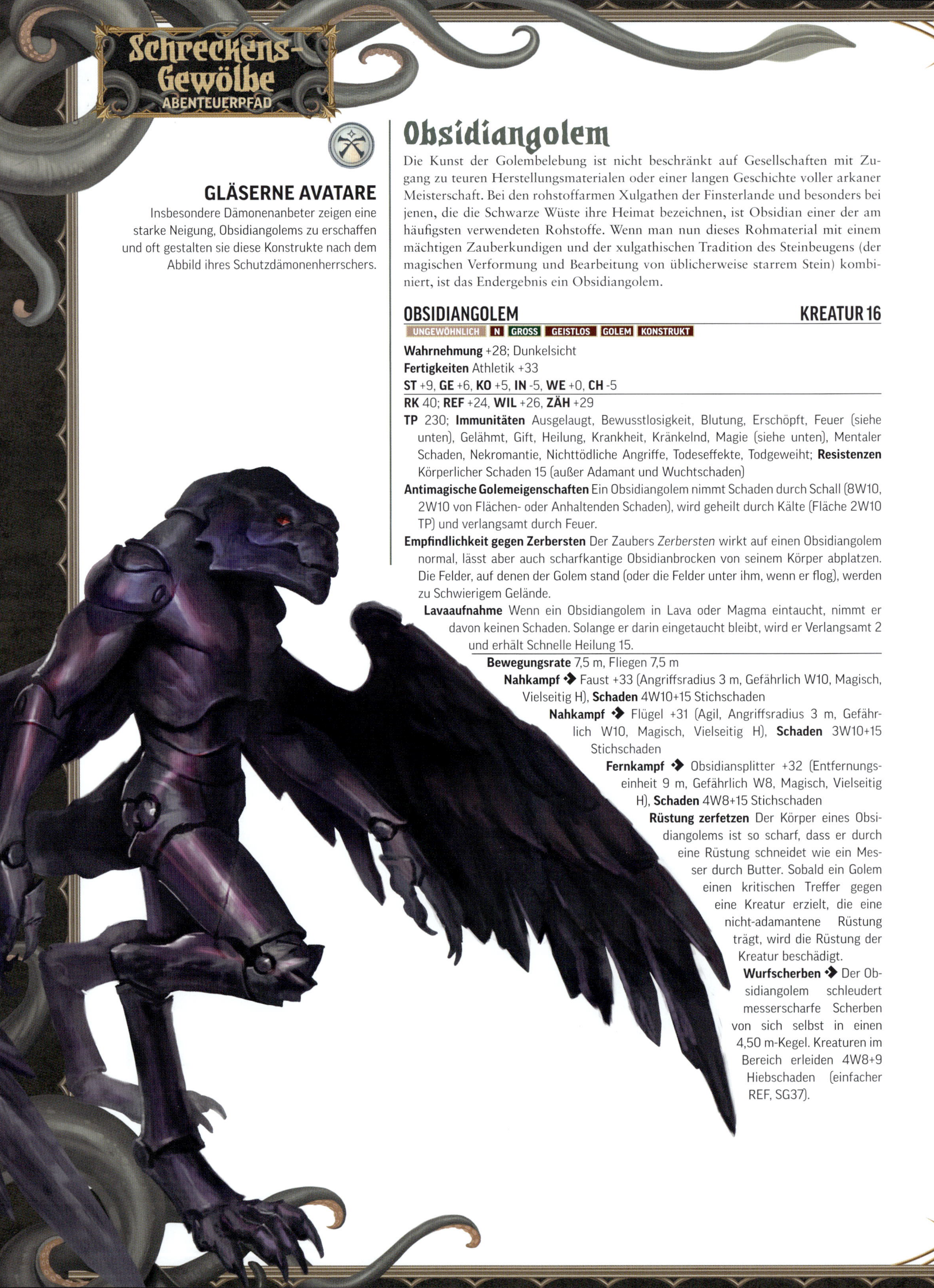

GLÄSERNE AVATARE

Insbesondere Dämonenanbeter zeigen eine starke Neigung, Obsidiangolems zu erschaffen und oft gestalten sie diese Konstrukte nach dem Abbild ihres Schutzdämonenherrschers.

Obsidiangolem

Die Kunst der Golembelebung ist nicht beschränkt auf Gesellschaften mit Zugang zu teuren Herstellungsmaterialen oder einer langen Geschichte voller arkaner Meisterschaft. Bei den rohstoffarmen Xulgathen der Finsterlande und besonders bei jenen, die die Schwarze Wüste ihre Heimat bezeichnen, ist Obsidian einer der am häufigsten verwendeten Rohstoffe. Wenn man nun dieses Rohmaterial mit einem mächtigen Zauberkundigen und der xulgathischen Tradition des Steinbeugens (der magischen Verformung und Bearbeitung von üblicherweise starrem Stein) kombiniert, ist das Endergebnis ein Obsidiangolem.

OBSIDIANGOLEM — KREATUR 16

UNGEWÖHNLICH N GROSS GEISTLOS GOLEM KONSTRUKT

Wahrnehmung +28; Dunkelsicht

Fertigkeiten Athletik +33

ST +9, **GE** +6, **KO** +5, **IN** -5, **WE** +0, **CH** -5

RK 40; **REF** +24, **WIL** +26, **ZÄH** +29

TP 230; **Immunitäten** Ausgelaugt, Bewusstlosigkeit, Blutung, Erschöpft, Feuer (siehe unten), Gelähmt, Gift, Heilung, Krankheit, Kränkelnd, Magie (siehe unten), Mentaler Schaden, Nekromantie, Nichttödliche Angriffe, Todeseffekte, Todgeweiht; **Resistenzen** Körperlicher Schaden 15 (außer Adamant und Wuchtschaden)

Antimagische Golemeigenschaften Ein Obsidiangolem nimmt Schaden durch Schall (8W10, 2W10 von Flächen- oder Anhaltenden Schaden), wird geheilt durch Kälte (Fläche 2W10 TP) und verlangsamt durch Feuer.

Empfindlichkeit gegen Zerbersten Der Zaubers *Zerbersten* wirkt auf einen Obsidiangolem normal, lässt aber auch scharfkantige Obsidianbrocken von seinem Körper abplatzen. Die Felder, auf denen der Golem stand (oder die Felder unter ihm, wenn er flog), werden zu Schwierigem Gelände.

Lavaaufnahme Wenn ein Obsidiangolem in Lava oder Magma eintaucht, nimmt er davon keinen Schaden. Solange er darin eingetaucht bleibt, wird er Verlangsamt 2 und erhält Schnelle Heilung 15.

Bewegungsrate 7,5 m, Fliegen 7,5 m

Nahkampf ◆ Faust +33 (Angriffsradius 3 m, Gefährlich W10, Magisch, Vielseitig H), **Schaden** 4W10+15 Stichschaden

Nahkampf ◆ Flügel +31 (Agil, Angriffsradius 3 m, Gefährlich W10, Magisch, Vielseitig H), **Schaden** 3W10+15 Stichschaden

Fernkampf ◆ Obsidiansplitter +32 (Entfernungseinheit 9 m, Gefährlich W8, Magisch, Vielseitig H), **Schaden** 4W8+15 Stichschaden

Rüstung zerfetzen Der Körper eines Obsidiangolems ist so scharf, dass er durch eine Rüstung schneidet wie ein Messer durch Butter. Sobald ein Golem einen kritischen Treffer gegen eine Kreatur erzielt, die eine nicht-adamantene Rüstung trägt, wird die Rüstung der Kreatur beschädigt.

Wurfscherben ◆◆ Der Obsidiangolem schleudert messerscharfe Scherben von sich selbst in einen 4,50 m-Kegel. Kreaturen im Bereich erleiden 4W8+9 Hiebschaden (einfacher REF, SG37).

Quraschit

Quraschiten (oder „Vielfraßschwingen“ in der Gemeinsprache) sind furchterregende, fledermausartige Raubtiere, die die oberen Bereiche der Höhlenwelten von Finsterfraß heimsuchen. Diese Monstrositäten sind keine gewöhnlichen Bestien. Denn ein Quraschit verschlingt seine Opfer nicht einfach, sondern nimmt seine Beute beim Töten physisch in seinen eigenen Körper auf. Dabei wandelt er die geistige Essenz der Beute um.

Wenn man einen Quraschit genau betrachtet, erkennt man, dass sein Körper eine Verschmelzung aus seiner Scheusalgestalt sowie seiner extraplanaren und sterblichen Opfer ist. Diese werden durch Netze aus dämonischem Narbengewebe und klebrigem, säurehaltigem Eiter miteinander verbunden. Während die individuellen Persönlichkeiten der Opfer eines Quraschits mit der Zeit allmählich metabolisieren und in seine eigene Substanz übergehen, kann ein besonders charismatisches oder magisch mächtiges Opfer für eine kurze Zeit einen gewissen Einfluss auf den Geist des Quraschits ausüben.

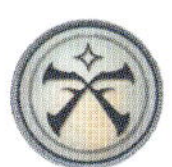

VIELGEISTIGE WESEN

Obwohl sie keine organisierte Zivilisation besitzen, scharen sich die Quraschiten zusammen und jagen gelegentlich sogar in Rudeln. Dabei kommunizieren sie auf grausame Weise durch die gezwungenen, gequälten Stimmen der Opfer, die in ihren Körper übergingen.

QURASCHIT — KREATUR 17

SELTEN | CB | RIESIG | ABERRATION | SCHEUSAL

Wahrnehmung +33; Starke Dunkelsicht, Geruchssinn (ungenau) 18 m, *Wahrer Blick*

Sprachen Abyssisch; Telepathie 36 m, *Zungen*

Fertigkeiten Akrobatik +30, Athletik +32, Heimlichkeit +32, Täuschung +29, Überlebenskunst +28

ST +9, **GE** +7, **KO** +6, **IN** -1, **WE** +5, **CH** +6

RK 40; **REF** +30, **WIL** +28, **ZÄH** +29

TP 340; **Schwächen** Gutes 15, Rechtschaffenes 15; **Resistenzen** Säure 15

Klebriger Körper Wenn eine Kreatur den Quraschiten mit einer Nahkampfwaffe angreift, muss sie einen Reflexwurf gegen SG 37 ablegen. Bei einem Fehlschlag verliert die Kreatur ihre Waffe, die nun am Körper des Quraschits festhängt; falls der Angriff ein waffenloser Angriff war, kleben die Gliedmaßen der angreifenden Kreatur am Körper des Quraschits fest und sie erhält den Zustand Bewegungsunfähig. Kreaturen können einen Wurf auf Athletik gegen SG 31 versuchen, um eine festhängende Waffe zu befreien. Bei einem Fehlschlag erhält die Kreatur 2W6 Punkte Säureschaden und die Waffe konnte nicht abgelöst werden. Bei einem Kritischen Fehlschlag bleibt die Kreatur zusätzlich selbst hängen und erhält den Zustand Bewegungsunfähig. Eine festklebende Kreatur erleidet jede Runde, die sie am Quraschit klebt, 2W6 Punkte Säureschaden und kann die Aktion Entkommen nutzen um sich selbst vom Monster zu befreien (SG 31).

Unheimliche Austrahlung (Aura, Furcht, Gefühl, Mental) 27 m, SG 33

Bewegungsrate 6 m, Fliegen 18 m

Nahkampf ◆ Biss +34 (Böse, Chaotisch, Magisch, Angriffsradius 4,50 m), **Schaden** 3W12+17 Stichschaden plus Lähmender Speichel

Nahkampf ◆ Klaue +32 (Agil, Angriffsradius 4,50 m, Böse, Chaotisch, Magisch,), **Schaden** 3W10+15 Hiebschaden

Fernkampf ◆ Speichel +30 (Reichweite 18 m), **Schaden** 6W6 Säureschaden plus Lähmender Speichel

Immanente göttliche Zauber SG 35; **6.** *Teleportieren* (beliebig oft, nur selbst); **Ständig (6.)** *Wahrer Blick*

Lähmender Speichel Wenn eine Kreatur vom Speichelangriff oder dem Bissangriff des Quraschits verwundet wird, muss sie einen Zähigkeitswurf gegen SG 39 ablegen, um nicht für 1W4 Runden den Zustand Verlangsamt 1 (Verlangsamt 2 bei einem Kritischen Fehlschlag) zu erhalten. Falls eine Kreatur bereits vor dem Fehlschlag den Zustand Verlangsamt besitzt, erhält sie für 1 Runde den Zustand Gelähmt.

Psychisches Heulen ◆◆ Der Quraschit entfesselt einen lähmenden psionischen Schrei. Kreaturen im Bereich eines 18-m-Kegels müssen einen Willenswurf gegen SG 35 ablegen, um nicht für 1 Minute den Zustand Benommen 2 (Benommen 4 bei einem Kritischen Fehlschlag) zu erhalten. Eine Kreatur die bei ihrem Willenswurf einen Kritischen Erfolg erzielt, ist für die nächsten 24 Stunden immun gegen des Quraschits Psychisches Heulen. Der Quraschit kann Psychisches Heulen innerhalb der nächsten 1W4 Runden nicht noch einmal einsetzten.

Zerreißen ◆ Klaue

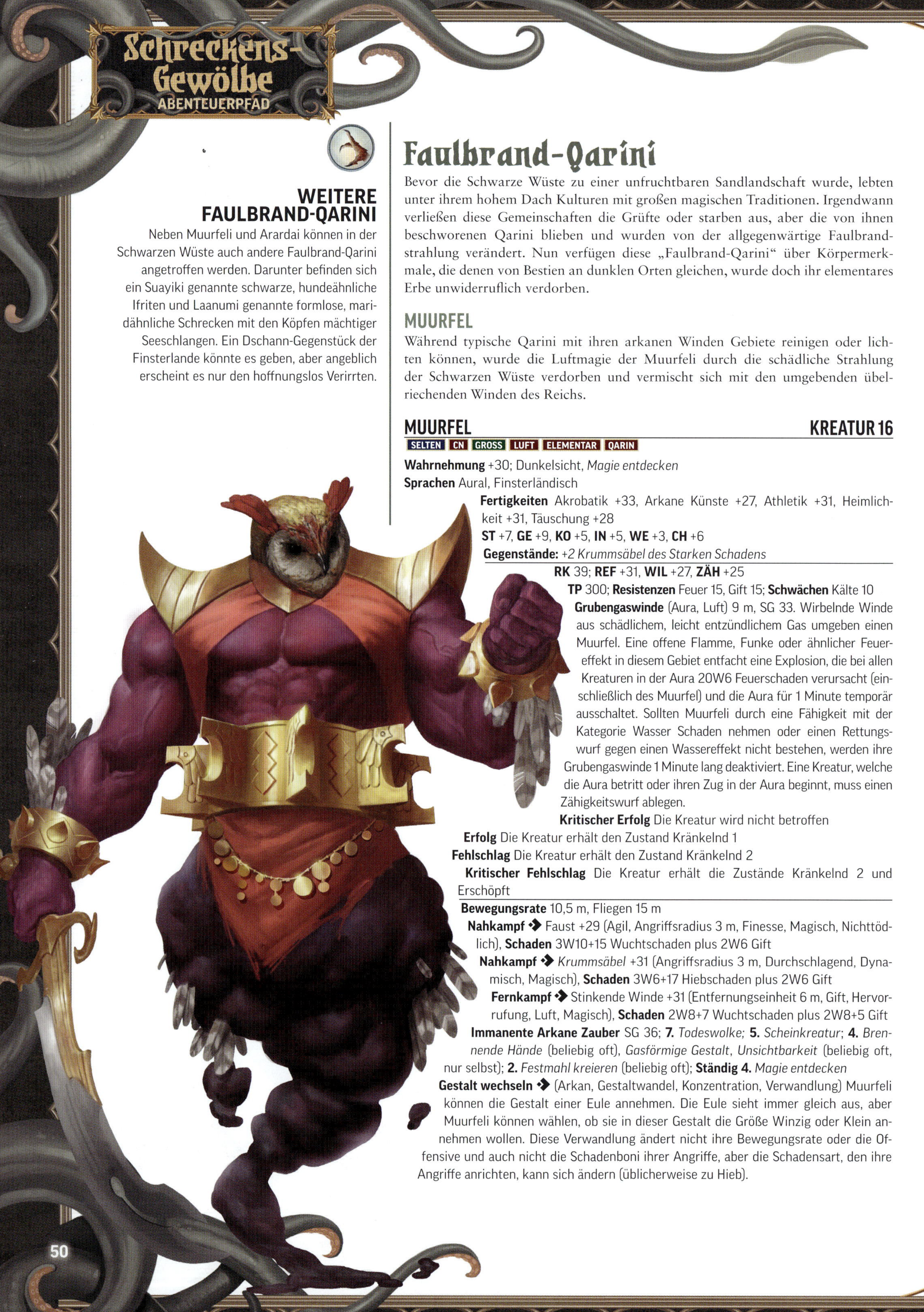

WEITERE FAULBRAND-QARINI

Neben Muurfeli und Arardai können in der Schwarzen Wüste auch andere Faulbrand-Qarini angetroffen werden. Darunter befinden sich ein Suayiki genannte schwarze, hundeähnliche Ifriten und Laanumi genannte formlose, maridähnliche Schrecken mit den Köpfen mächtiger Seeschlangen. Ein Dschann-Gegenstück der Finsterlande könnte es geben, aber angeblich erscheint es nur den hoffnungslos Verirrten.

Faulbrand-Qarini

Bevor die Schwarze Wüste zu einer unfruchtbaren Sandlandschaft wurde, lebten unter ihrem hohem Dach Kulturen mit großen magischen Traditionen. Irgendwann verließen diese Gemeinschaften die Grüfte oder starben aus, aber die von ihnen beschworenen Qarini blieben und wurden von der allgegenwärtige Faulbrandstrahlung verändert. Nun verfügen diese „Faulbrand-Qarini" über Körpermerkmale, die denen von Bestien an dunklen Orten gleichen, wurde doch ihr elementares Erbe unwiderruflich verdorben.

MUURFEL

Während typische Qarini mit ihren arkanen Winden Gebiete reinigen oder lichten können, wurde die Luftmagie der Muurfeli durch die schädliche Strahlung der Schwarzen Wüste verdorben und vermischt sich mit den umgebenden übelriechenden Winden des Reichs.

MUURFEL — KREATUR 16

SELTEN | CN | GROSS | LUFT | ELEMENTAR | QARIN

Wahrnehmung +30; Dunkelsicht, *Magie entdecken*
Sprachen Aural, Finsterländisch
Fertigkeiten Akrobatik +33, Arkane Künste +27, Athletik +31, Heimlichkeit +31, Täuschung +28
ST +7, **GE** +9, **KO** +5, **IN** +5, **WE** +3, **CH** +6
Gegenstände: *+2 Krummsäbel des Starken Schadens*

RK 39; **REF** +31, **WIL** +27, **ZÄH** +25
TP 300; **Resistenzen** Feuer 15, Gift 15; **Schwächen** Kälte 10
Grubengaswinde (Aura, Luft) 9 m, SG 33. Wirbelnde Winde aus schädlichem, leicht entzündlichem Gas umgeben einen Muurfel. Eine offene Flamme, Funke oder ähnlicher Feuereffekt in diesem Gebiet entfacht eine Explosion, die bei allen Kreaturen in der Aura 20W6 Feuerschaden verursacht (einschließlich des Muurfel) und die Aura für 1 Minute temporär ausschaltet. Sollten Muurfeli durch eine Fähigkeit mit der Kategorie Wasser Schaden nehmen oder einen Rettungswurf gegen einen Wassereffekt nicht bestehen, werden ihre Grubengaswinde 1 Minute lang deaktiviert. Eine Kreatur, welche die Aura betritt oder ihren Zug in der Aura beginnt, muss einen Zähigkeitswurf ablegen.
Kritischer Erfolg Die Kreatur wird nicht betroffen
Erfolg Die Kreatur erhält den Zustand Kränkelnd 1
Fehlschlag Die Kreatur erhält den Zustand Kränkelnd 2
Kritischer Fehlschlag Die Kreatur erhält die Zustände Kränkelnd 2 und Erschöpft

---

Bewegungsrate 10,5 m, Fliegen 15 m
Nahkampf ◆ Faust +29 (Agil, Angriffsradius 3 m, Finesse, Magisch, Nichttödlich), **Schaden** 3W10+15 Wuchtschaden plus 2W6 Gift
Nahkampf ◆ *Krummsäbel* +31 (Angriffsradius 3 m, Durchschlagend, Dynamisch, Magisch), **Schaden** 3W6+17 Hiebschaden plus 2W6 Gift
Fernkampf ◆ Stinkende Winde +31 (Entfernungseinheit 6 m, Gift, Hervorrufung, Luft, Magisch), **Schaden** 2W8+7 Wuchtschaden plus 2W8+5 Gift
Immanente Arkane Zauber SG 36; **7.** *Todeswolke;* **5.** *Scheinkreatur*; **4.** *Brennende Hände* (beliebig oft), *Gasförmige Gestalt*, *Unsichtbarkeit* (beliebig oft, nur selbst); **2.** *Festmahl kreieren* (beliebig oft); **Ständig 4.** *Magie entdecken*
Gestalt wechseln ◆ (Arkan, Gestaltwandel, Konzentration, Verwandlung) Muurfeli können die Gestalt einer Eule annehmen. Die Eule sieht immer gleich aus, aber Muurfeli können wählen, ob sie in dieser Gestalt die Größe Winzig oder Klein annehmen wollen. Diese Verwandlung ändert nicht ihre Bewegungsrate oder die Offensive und auch nicht die Schadenboni ihrer Angriffe, aber die Schadensart, den ihre Angriffe anrichten, kann sich ändern (üblicherweise zu Hieb).

Die Lebensweise der Xulgathen
Zevgavizeb
Finsterfraß
Kulte der Finsterlande
Vergessene Halbebenen
Das Erwachen der Kaiju
Für Zauberer...
Magische Gegenstände
Bestiarium

ARARDA

Schaitane, die durch den Faulbrand der Schwarzen Wüste verdorben wurden, werden zu skorpionartigen Arardai. Während andere Erdqarini mit dem Schillern von Edelsteinen glänzen und die Kraft der Erde selbst heraufbeschwören, nutzen Arardai ihre Verbindung zum Erdboden, um sich die Macht der Elektrizität zunutze machen. Arardai sind so durchsetzt von einem radioaktiven Kristall, dass ihre bloße Anwesenheit für die meisten Lebewesen giftig ist.

ARARDA — KREATUR 18

SELTEN | RB | GROSS | LUFT | ELEMENTAR | QARIN

Wahrnehmung +31; Dunkelsicht, Erschütterungssinn (ungenau) 18 m, *Magie entdecken*

Sprachen Terral, Finsterländisch

Fertigkeiten Athletik +35, Einschüchtern +30, Kenntnis Schwarze Wüste +27, Naturkunde +33, Täuschung +30, Überlebenskunst +33

ST +9, **GE** +6, **KO** +7, **IN** +3, **WE** +7, **CH** +6

Gegenstände: *+2 Schlägel des Starken Schadens*

RK 43; **REF** +30, **WIL** +31, **ZÄH** +33

TP 280; **Immunitäten** Krankheiten; **Resistenzen** Elektrizität 20; **Schwächen** Schall 20

Aufgeladene Erde (Elektrizität) Wenn Kreaturen den Ararda mit einem Waffenlosen Angriff treffen oder berühren, erleiden sie 2W8 Elektrizitätsschaden. Waffen, die den Ararda treffen, erleiden ebenfalls 2W8 Elektrizitätsschaden.

Faulbrand-Strahlung (Arkan, Aura, Bannmagie, Krankheit) 18 m. Die Faulbrandkristalle im Körper des Ararda versuchen, jedem Teleportationszauber entgegenzuwirken, der in den Ausstrahlungsbereich der Aura hinein- oder aus diesem herausführt (7. Grad; Entgegenwirkenmodifikator +31). Zusätzlich wird jede Kreatur, die ihren Zug innerhalb der Ausstrahlung beginnt, der Faulbrandkrankheit ausgesetzt (siehe Randspalte). Die Aura wird durch Bleiplatten, Stein von 0,30 m Dicke oder Krafteffekte (wie *Energiewand*, aber nicht der Zauber *Schild*) blockiert. Der Ararda kann seine Aura mit einer Aktion der Kategorie Konzentration unterdrücken.

Bewegungsrate 9 m, Fliegen 6 m, Graben 13,5 m, Durch Erde gleiten

Nahkampf ◆ *Schlägel* +35 (Angriffsradius 3 m, Fortstoßen, Magisch), **Schaden** 3W12+17 Wuchtschaden

Nahkampf ◆ Sandfaust +35 (Agil, Angriffsradius 3 m, Elektrizität, Erde, Magisch, Nichttödlich), **Schaden** 2W8+17 Wuchtschaden plus 2W8 Elektrizität und Faulbrandkrankheit (siehe Randspalte)

Fernkampf ◆ Sandspeer +32 (Elektrizität, Entfernungseinheit 9 m, Erde, Magisch), **Schaden** 4W8 Stichschaden plus 2W8 Elektrizität und Faulbrandkrankheit (siehe Randspalte)

Immanente Arkane Zauber SG 37; **7.** *Fleisch zu Stein, Kettenblitz;* **6.** *Schleier* (nur selbst), *Steinwand*; **5.** *Stein formen* (beliebig oft); **4.** *Gasförmige Gestalt* (nur selbst), *Glitzerstaub* (×3); **Ständig** 4. *Magie entdecken*

Durch Erde gleiten Wie beim Schaitan (*MHB*, S. 248)

Gestalt wechseln ◆ (Arkan, Gestaltwandel, Konzentration, Verwandlung) Wie beim Muurfel, aber mit dem Aussehen eines Winzigen oder Kleinen Skorpions und Stichschaden für die Angriffe (statt Hieb).

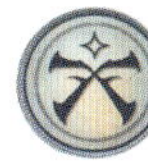

ELEMENTARE FUSIONEN

Die Faulbrand-Qarini der Schwarzen Wüste verkörpern nicht die üblichen vier Elemente der Elementarebenen. Sie kombinieren eher ihre immanenten Elementarkräfte mit den Merkmalen der Wüste, um mächtige, pervertierte Versionen von Naturphänomenen wie elektrische Sandstürme oder sauren Regen zu beschwören.

FAULBRANDKRANKHEIT — KRANKHEIT 15

UNGEWÖHNLICH | KRANKHEIT

Einheimische der Schwarzen Wüste sind ebenso wie davon genesene Erkrankte gegen diese Krankheit immun. Ein Betroffener kann sich von den Zuständen Ausgelaugt und Kränkelnd nur mittels Magie erholen.

Rettungswurf ZÄH, SG 32; **Verzögerung** 1W4 Tage; **Phase 1** Ausgelaugt 1 (1 Tag); **Phase 2** Ausgelaugt 1 and Kränkelnd 1 (1 Tag); **Phase 3** Ausgelaugt 2 and Kränkelnd 2 (1 Woche); **Phase 4** Ausgelaugt 3 and Kränkelnd 3 (1 Monat); **Phase 5** Der Zustandswert für Ausgelaugt steigt um 1 (1 Jahr)

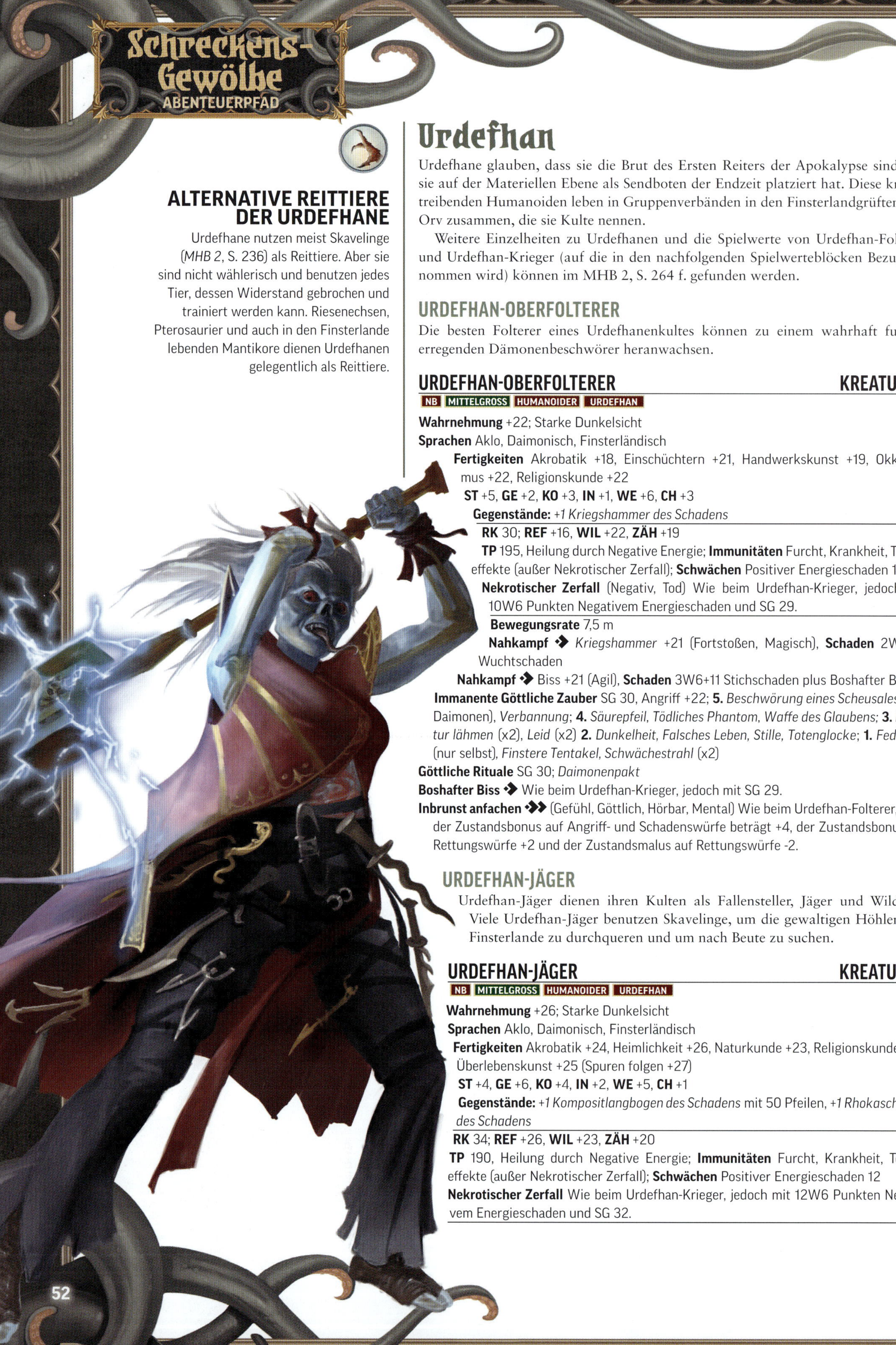

ALTERNATIVE REITTIERE DER URDEFHANE

Urdefhane nutzen meist Skavelinge (*MHB 2*, S. 236) als Reittiere. Aber sie sind nicht wählerisch und benutzen jedes Tier, dessen Widerstand gebrochen und trainiert werden kann. Riesenechsen, Pterosaurier und auch in den Finsterlande lebenden Mantikore dienen Urdefhanen gelegentlich als Reittiere.

Urdefhan

Urdefhane glauben, dass sie die Brut des Ersten Reiters der Apokalypse sind, der sie auf der Materiellen Ebene als Sendboten der Endzeit platziert hat. Diese kriegstreibenden Humanoiden leben in Gruppenverbänden in den Finsterlandgrüften von Orv zusammen, die sie Kulte nennen.

Weitere Einzelheiten zu Urdefhanen und die Spielwerte von Urdefhan-Folterer und Urdefhan-Krieger (auf die in den nachfolgenden Spielwerteblöcken Bezug genommen wird) können im MHB 2, S. 264 f. gefunden werden.

URDEFHAN-OBERFOLTERER

Die besten Folterer eines Urdefhanenkultes können zu einem wahrhaft furchterregenden Dämonenbeschwörer heranwachsen.

URDEFHAN-OBERFOLTERER — KREATUR 10

NB | MITTELGROSS | HUMANOIDER | URDEFHAN

Wahrnehmung +22; Starke Dunkelsicht
Sprachen Aklo, Daimonisch, Finsterländisch
Fertigkeiten Akrobatik +18, Einschüchtern +21, Handwerkskunst +19, Okkultismus +22, Religionskunde +22
ST +5, **GE** +2, **KO** +3, **IN** +1, **WE** +6, **CH** +3
Gegenstände: *+1 Kriegshammer des Schadens*

RK 30; **REF** +16, **WIL** +22, **ZÄH** +19
TP 195, Heilung durch Negative Energie; **Immunitäten** Furcht, Krankheit, Todeseffekte (außer Nekrotischer Zerfall); **Schwächen** Positiver Energieschaden 10
Nekrotischer Zerfall (Negativ, Tod) Wie beim Urdefhan-Krieger, jedoch mit 10W6 Punkten Negativem Energieschaden und SG 29.

Bewegungsrate 7,5 m
Nahkampf ◆ *Kriegshammer* +21 (Fortstoßen, Magisch), **Schaden** 2W8+11 Wuchtschaden
Nahkampf ◆ Biss +21 (Agil), **Schaden** 3W6+11 Stichschaden plus Boshafter Biss
Immanente Göttliche Zauber SG 30, Angriff +22; **5.** *Beschwörung eines Scheusales* (nur Daimonen), *Verbannung*; **4.** *Säurepfeil, Tödliches Phantom, Waffe des Glaubens*; **3.** *Kreatur lähmen* (x2), *Leid* (x2) **2.** *Dunkelheit, Falsches Leben, Stille, Totenglocke*; **1.** *Federfall* (nur selbst), *Finstere Tentakel, Schwächestrahl* (x2)
Göttliche Rituale SG 30; *Daimonenpakt*
Boshafter Biss ◆ Wie beim Urdefhan-Krieger, jedoch mit SG 29.
Inbrunst anfachen ◆◆ (Gefühl, Göttlich, Hörbar, Mental) Wie beim Urdefhan-Folterer, aber der Zustandsbonus auf Angriff- und Schadenswürfe beträgt +4, der Zustandsbonus für Rettungswürfe +2 und der Zustandsmalus auf Rettungswürfe -2.

URDEFHAN-JÄGER

Urdefhan-Jäger dienen ihren Kulten als Fallensteller, Jäger und Wilderer. Viele Urdefhan-Jäger benutzen Skavelinge, um die gewaltigen Höhlen der Finsterlande zu durchqueren und um nach Beute zu suchen.

URDEFHAN-JÄGER — KREATUR 12

NB | MITTELGROSS | HUMANOIDER | URDEFHAN

Wahrnehmung +26; Starke Dunkelsicht
Sprachen Aklo, Daimonisch, Finsterländisch
Fertigkeiten Akrobatik +24, Heimlichkeit +26, Naturkunde +23, Religionskunde +21, Überlebenskunst +25 (Spuren folgen +27)
ST +4, **GE** +6, **KO** +4, **IN** +2, **WE** +5, **CH** +1
Gegenstände: *+1 Kompositlangbogen des Schadens* mit 50 Pfeilen, *+1 Rhokaschwert des Schadens*

RK 34; **REF** +26, **WIL** +23, **ZÄH** +20
TP 190, Heilung durch Negative Energie; **Immunitäten** Furcht, Krankheit, Todeseffekte (außer Nekrotischer Zerfall); **Schwächen** Positiver Energieschaden 12
Nekrotischer Zerfall Wie beim Urdefhan-Krieger, jedoch mit 12W6 Punkten Negativem Energieschaden und SG 32.

Bewegungsrate 9 m
Nahkampf ◆ *Rhokaschwert* +24 (Beidhändig W10, Gefährlich W8, Magisch), **Schaden** 2W8+10 Hiebschaden
Nahkampf ◆ Biss +22 (Agil), **Schaden** 3W6+10 Stichschaden plus Boshafter Biss
Fernkampf ◆ *Kompositlangbogen* +26 (Ballistisch 9 m, Entfernungseinheit 30 m, Gefährlich W10, Geschoss, Magisch, Nachladen 0), **Schaden** 2W8+4 Stichschaden
Immanente Göttliche Zauber SG 29, Angriff +23; **4.** *Totenglocke*; **3.** *Federfall* (beliebig oft, nur selbst), *Schwächestrahl*
Berittener Bogenexperte Urdefhan-Jäger können beim Reiten Angriffe mit dem Kompositlangbogen durchführen.
Boshafter Biss ◆ Wie beim Urdefhan-Krieger, jedoch mit SG 32.
Doppelschuss ◆◆ **Anforderungen** Der Urdefhan-Jäger führt eine Fernkampfwaffe mit Nachladen 0; **Effekt** Der Urdefhan-Jäger führt zwei Angriffe mit der benötigten Waffe auf ein Ziel aus. Beide Angriffe unterliegen dem Malus für Mehrfachangriffe, aber der Malus steigt erst nach dem zweiten der beiden Angriffe.
Tödliche Treffersicherheit ◆ (Eröffnung) Der Urdefhan-Jäger führt einen Fernkampfangriff mit einem Malus von -2 aus. Der Urdefhan verursacht 4 Punkte zusätzlichen Schaden mit seinem Angriff.

URDEFHAN-DOMINATOR

Urdefhan-Dominatoren kontrollieren die Gedanken anderer, um nützliche Geheimnisse zu erfahren und Vorteile gegen ihre Feinde zu erlangen.

URDEFHAN-DOMINATOR — KREATUR 14

NB | MITTELGROSS | HUMANOIDER | URDEFHAN

Wahrnehmung +26; Starke Dunkelsicht
Sprachen Aklo, Daimonisch, Finsterländisch
Fertigkeiten Einschüchtern +26, Handwerkskunst +24, Heimlichkeit +25, Kenntnis (Daimonen) +24, Religionskunde +29, Überlebenskunst +27
ST +4, **GE** +5, **KO** +3, **IN** +4, **WE** +7, **CH** +6
Gegenstände: *+2 Rhokaschwert des Schadens*

RK 35; **REF** +25, **WIL** +29, **ZÄH** +25
TP 250, Heilung durch Negative Energie; **Immunitäten** Furcht, Krankheit, Todeseffekte (außer Nekrotischer Zerfall); **Schwächen** Positiver Energieschaden 15
Nekrotischer Zerfall Wie beim Urdefhan-Krieger, jedoch mit 15W6 Punkten Negativem Energieschaden und SG 34.

Bewegungsrate 7,5 m
Nahkampf ◆ *Rhokaschwert* +26 (Beidhändig W10, Gefährlich W8, Magisch), **Schaden** 2W8+10 Hiebschaden
Nahkampf ◆ Biss +26 (Agil), **Schaden** 4W6+10 Stichschaden plus Boshafter Biss
Immanente Göttliche Zauber SG 35, Angriff +29; **7.** *Dimensionale Barriere*; **6.** *Auflösung, Kreatur beherrschen* (x2); **5.** *Ausspähende Augen, Befehl, Verbannung*; **4.** *Tödliches Phantom* (x2), *Vorzeichen, Waffe des Glaubens*; **3.** *Kreatur lähmen* (x2), *Leid* (x2); **2.** *Dunkelheit, Falsches Leben, Stille, Totenglocke*; **1.** *Federfall* (nur selbst), *Finstere Tentakel, Schwächestrahl*; **Zaubertricks (7.)** *Beistand, Eiskalte Berührung, Göttliche Energielanze, Telekinetisches Geschoss*
Augen des Geknechteten ◆ **Anforderungen** Der Urdefhan-Dominator beherrscht eine Kreatur mit dem Immanenten Zauber *Kreatur beherrschen*; **Effekt** Der Urdefhan zapf die Sehkraft, das Gehör und alle anderen Sinne der beherrschten Kreatur an. Der Urdefhan kann mit einer einzelnen Aktion zwischen seinen eigenen Sinnen und denen des Ziels umschalten. Die Aktion besitzt die Kategorie Konzentration.
Boshafter Biss ◆ Wie beim Urdefhan-Krieger, jedoch mit SG 33.

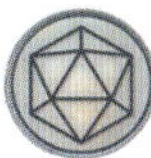

RHOKASCHWERT

Der Einfachheit halber werden hier die Spielwerte für die einzigartige Waffe der Urdefhanen, das Rhokaschwert, wiedergegeben. Diese ungewöhnlichen Spezialwaffen kosten 4 GM, verursachen 1W8 Hiebschaden, wiegen 2 Last und erfordern 1 Hand, um sie zu führen. Rhokaschwerter gehören der Waffengruppe der Schwerter an und verfügen über die Kategorien Gefährlich W8 und Beidhändig W10.

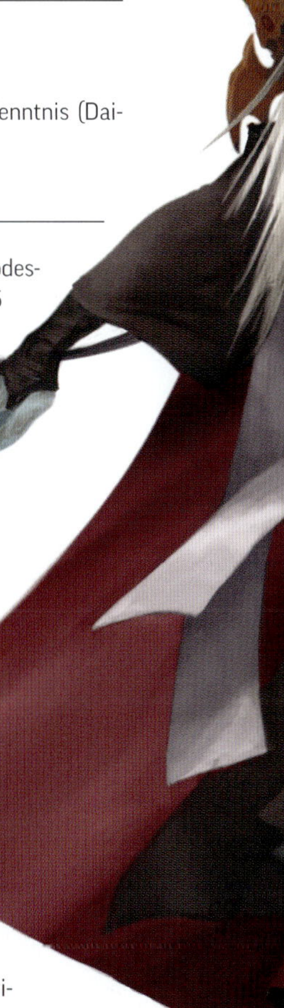

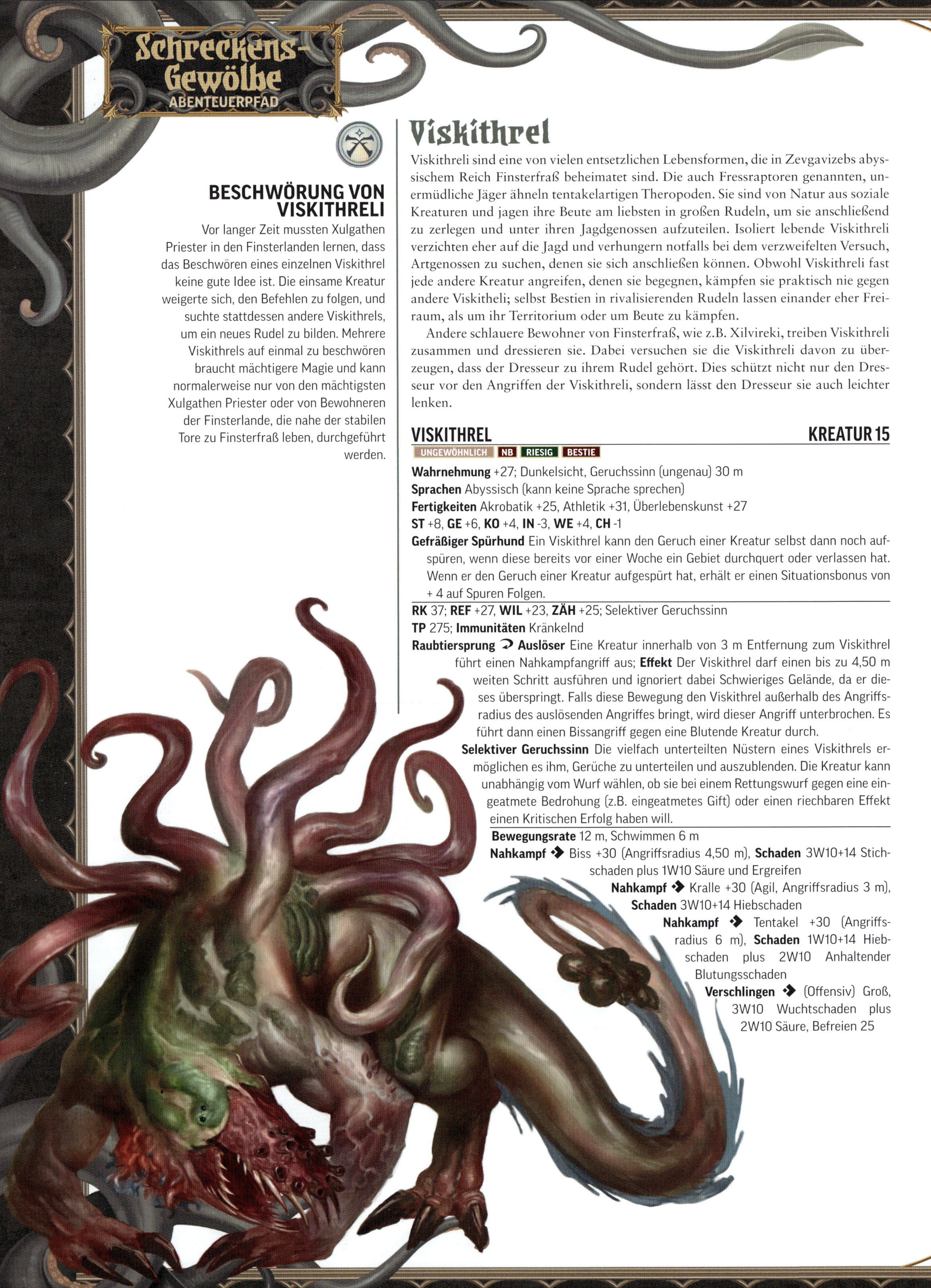

BESCHWÖRUNG VON VISKITHRELI

Vor langer Zeit mussten Xulgathen Priester in den Finsterlanden lernen, dass das Beschwören eines einzelnen Viskithrel keine gute Idee ist. Die einsame Kreatur weigerte sich, den Befehlen zu folgen, und suchte stattdessen andere Viskithrels, um ein neues Rudel zu bilden. Mehrere Viskithrels auf einmal zu beschwören braucht mächtigere Magie und kann normalerweise nur von den mächtigsten Xulgathen Priester oder von Bewohneren der Finsterlande, die nahe der stabilen Tore zu Finsterfraß leben, durchgeführt werden.

Viskithrel

Viskithreli sind eine von vielen entsetzlichen Lebensformen, die in Zevgavizebs abyssischem Reich Finsterfraß beheimatet sind. Die auch Fressraptoren genannten, unermüdliche Jäger ähneln tentakelartigen Theropoden. Sie sind von Natur aus soziale Kreaturen und jagen ihre Beute am liebsten in großen Rudeln, um sie anschließend zu zerlegen und unter ihren Jagdgenossen aufzuteilen. Isoliert lebende Viskithreli verzichten eher auf die Jagd und verhungern notfalls bei dem verzweifelten Versuch, Artgenossen zu suchen, denen sie sich anschließen können. Obwohl Viskithreli fast jede andere Kreatur angreifen, denen sie begegnen, kämpfen sie praktisch nie gegen andere Viskitheli; selbst Bestien in rivalisierenden Rudeln lassen einander eher Freiraum, als um ihr Territorium oder um Beute zu kämpfen.

Andere schlauere Bewohner von Finsterfraß, wie z.B. Xilvireki, treiben Viskithreli zusammen und dressieren sie. Dabei versuchen sie die Viskithreli davon zu überzeugen, dass der Dresseur zu ihrem Rudel gehört. Dies schützt nicht nur den Dresseur vor den Angriffen der Viskithreli, sondern lässt den Dresseur sie auch leichter lenken.

VISKITHREL — KREATUR 15

UNGEWÖHNLICH | NB | RIESIG | BESTIE

Wahrnehmung +27; Dunkelsicht, Geruchssinn (ungenau) 30 m
Sprachen Abyssisch (kann keine Sprache sprechen)
Fertigkeiten Akrobatik +25, Athletik +31, Überlebenskunst +27
ST +8, **GE** +6, **KO** +4, **IN** -3, **WE** +4, **CH** -1
Gefräßiger Spürhund Ein Viskithrel kann den Geruch einer Kreatur selbst dann noch aufspüren, wenn diese bereits vor einer Woche ein Gebiet durchquert oder verlassen hat. Wenn er den Geruch einer Kreatur aufgespürt hat, erhält er einen Situationsbonus von + 4 auf Spuren Folgen.

RK 37; **REF** +27, **WIL** +23, **ZÄH** +25; Selektiver Geruchssinn
TP 275; **Immunitäten** Kränkelnd
Raubtiersprung ⤾ **Auslöser** Eine Kreatur innerhalb von 3 m Entfernung zum Viskithrel führt einen Nahkampfangriff aus; **Effekt** Der Viskithrel darf einen bis zu 4,50 m weiten Schritt ausführen und ignoriert dabei Schwieriges Gelände, da er dieses überspringt. Falls diese Bewegung den Viskithrel außerhalb des Angriffsradius des auslösenden Angriffes bringt, wird dieser Angriff unterbrochen. Es führt dann einen Bissangriff gegen eine Blutende Kreatur durch.
Selektiver Geruchssinn Die vielfach unterteilten Nüstern eines Viskithrels ermöglichen es ihm, Gerüche zu unterteilen und auszublenden. Die Kreatur kann unabhängig vom Wurf wählen, ob sie bei einem Rettungswurf gegen eine eingeatmete Bedrohung (z.B. eingeatmetes Gift) oder einen riechbaren Effekt einen Kritischen Erfolg haben will.

Bewegungsrate 12 m, Schwimmen 6 m
Nahkampf ◆ Biss +30 (Angriffsradius 4,50 m), **Schaden** 3W10+14 Stichschaden plus 1W10 Säure und Ergreifen
Nahkampf ◆ Kralle +30 (Agil, Angriffsradius 3 m), **Schaden** 3W10+14 Hiebschaden
Nahkampf ◆ Tentakel +30 (Angriffsradius 6 m), **Schaden** 1W10+14 Hiebschaden plus 2W10 Anhaltender Blutungsschaden
Verschlingen ◆ (Offensiv) Groß, 3W10 Wuchtschaden plus 2W10 Säure, Befreien 25

Xilvirek

Xilvireki sind das Ergebnis der merkwürdigen Evolution, die in Zevgavizebs Dämonenreich stattfindet. Diese Scheusale ähneln ihrem gefürchteten Dämonenherrscher und behaupten, lebende Verkörperungen der schnappenden Mäuler des Herrn der Reptilien zu sein.

XILVIREK KREATUR 12

UNGEWÖHNLICH | CB | GROSS | SCHEUSAL

Wahrnehmung +23; Dunkelsicht, Psionischer Geruchssinn (ungenau) 36 m

Sprachen Abyssisch

Fertigkeiten Athletik +25, Einschüchtern +22, Heimlichkeit +23, Überlebenskunst +25

ST +7, **GE** +5, **KO** +6, **IN** +0, **WE** +5, **CH** +4

Psionischer Geruchssinn Ein Xilvirek kann die Präsenz von Kreaturen wahrnehmen, die mindestens einen Intelligenzwert von -3 haben. Kreaturen, die ihre Gedanken auf magische oder andere Weise zum Schweigen gebracht haben, können diesem Sinn eventuell (nach Ermessen des Spielleiters) entgehen.

RK 34; **REF** +21, **WIL** +19, **ZÄH** +26

TP 215; **Schwächen** Gutes 10, Rechtschaffenes 10

Hypnotischer Gestank (Aura, Gefühl, Kampfunfähig, Mental, Verzauberung) 9 m. Wenn eine Kreatur ihren Zug im Wirkungsbereich beginnt, muss sie einen Willenswurf gegen SG 32 ablegen, um nicht vom Xilvirek fasziniert zu werden. Falls die Kreatur bereits vom Xilvirek fasziniert ist und ihren Rettungswurf nicht schafft, wird die Kreatur gezwungen, sich dem Xilvirek zu nähern und sich von ihm Ergreifen zu lassen, was gleichzeitig die Faszination beendet.

Gelegenheitsangriff ⮍

Bewegungsrate 12 m, Schwimmen 9 m

Nahkampf ◆ Biss +25 (Böse, Chaotisch, Magisch), **Schaden** 3W10+13 Stichschaden

Nahkampf ◆ Klaue +27 (Agil, Angriffsradius 3 m, Böse, Chaotisch, Magisch), **Schaden** 2W8+13 Hiebschaden plus Ergreifen

Nahkampf ◆ Schwanz +25 (Angriffsradius 4,50 m, Böse, Chaotisch, Magisch, Vielseitig S), **Schaden** 3W6+13 Wuchtschaden plus Niederschlagen

Immanente göttliche Zauber SG 28; **6.** *Teleportieren* (nur selbst); **4.** *Dimensionstür* (beliebig oft); **2.** *Dunkelheit* (beliebig oft)

Auszehrende Tentakel Der Xilvirek besitzt zwei Tentakel auf seinem Rücken, mit denen er seiner Beute das Leben aussaugen kann. Wenn eine Kreatur ihren Zug vom Xilvirek gegriffen beginnt, erhält den Zustand Ausgelaugt 1 und der Xilvirek erhält 20 TP zurück. Der Zustandswert für Ausgelaugt steigt mit jeder Runde, die die Kreatur gegriffen beginnt, um 1. Der Xilvirek erhält jedoch keine weiteren TP zurück, wenn er die gleiche Kreatur mehr als einmal am Tag aussaugt.

Galle ausspeien ◆◆ (Eingeatmet, Säure) Der Xilvirek würgt eine kleine Lache von ekelerregender, beißender Galle auf sich selbst. Alle Kreaturen innerhalb eines 9-m-Radius erhalten durch das Einatmen der giftigen Dämpfe 4W6 Punkte Säureschaden (Einfacher Zähigkeitswurf gegen SG 32; bei einem Fehlschlag erhält die Kreatur den Zustand Kränkelnd 1 (bzw. bei einem Kritischen Fehlschlag Kränkelnd 2). Der Xilvirek kann Galle Ausspeien innerhalb der nächsten 1W4 Runden nicht erneut einsetzen.

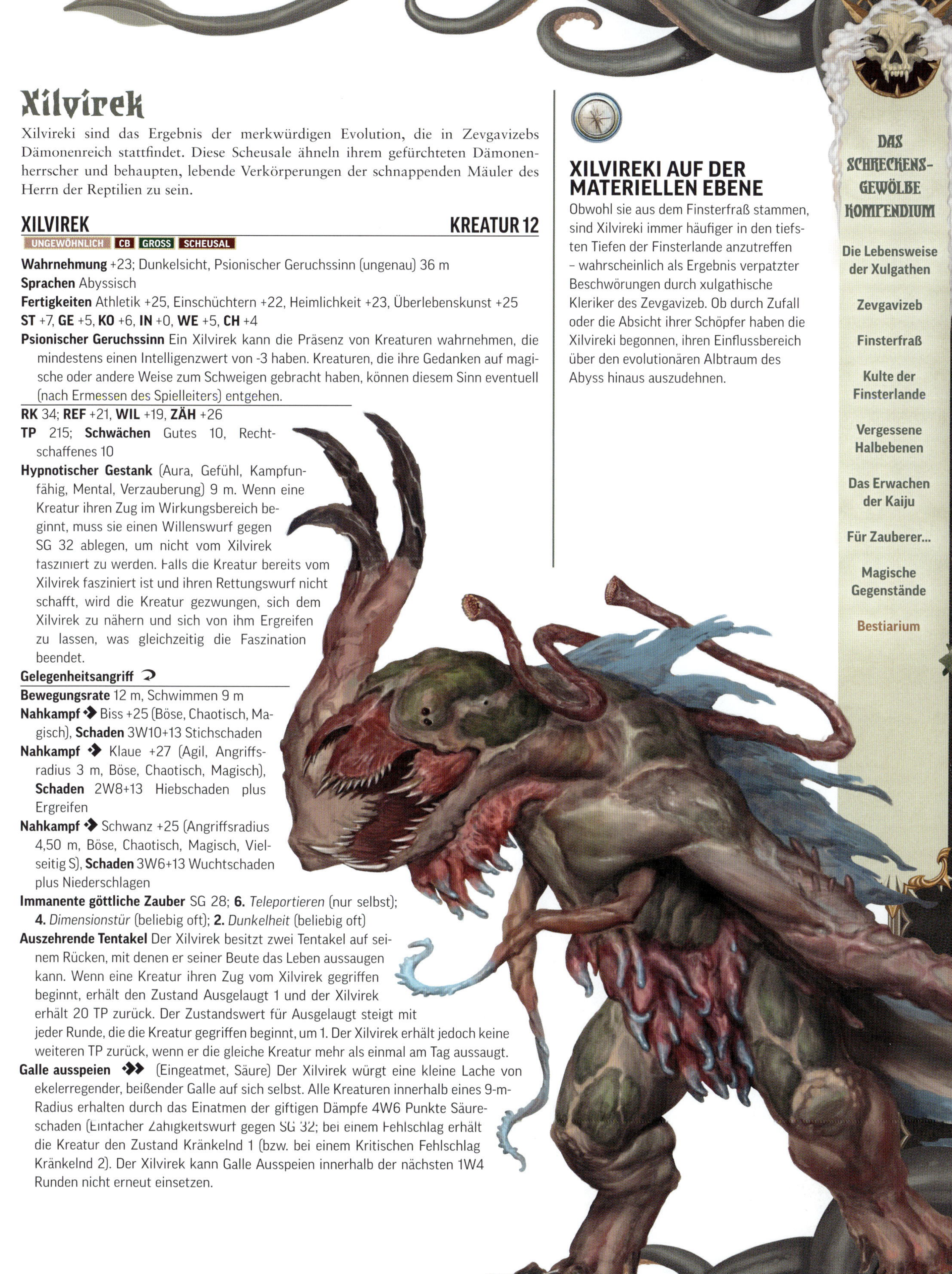

XILVIREKI AUF DER MATERIELLEN EBENE

Obwohl sie aus dem Finsterfraß stammen, sind Xilvireki immer häufiger in den tiefsten Tiefen der Finsterlande anzutreffen – wahrscheinlich als Ergebnis verpatzter Beschwörungen durch xulgathische Kleriker des Zevgavizeb. Ob durch Zufall oder die Absicht ihrer Schöpfer haben die Xilvireki begonnen, ihren Einflussbereich über den evolutionären Albtraum des Abyss hinaus auszudehnen.

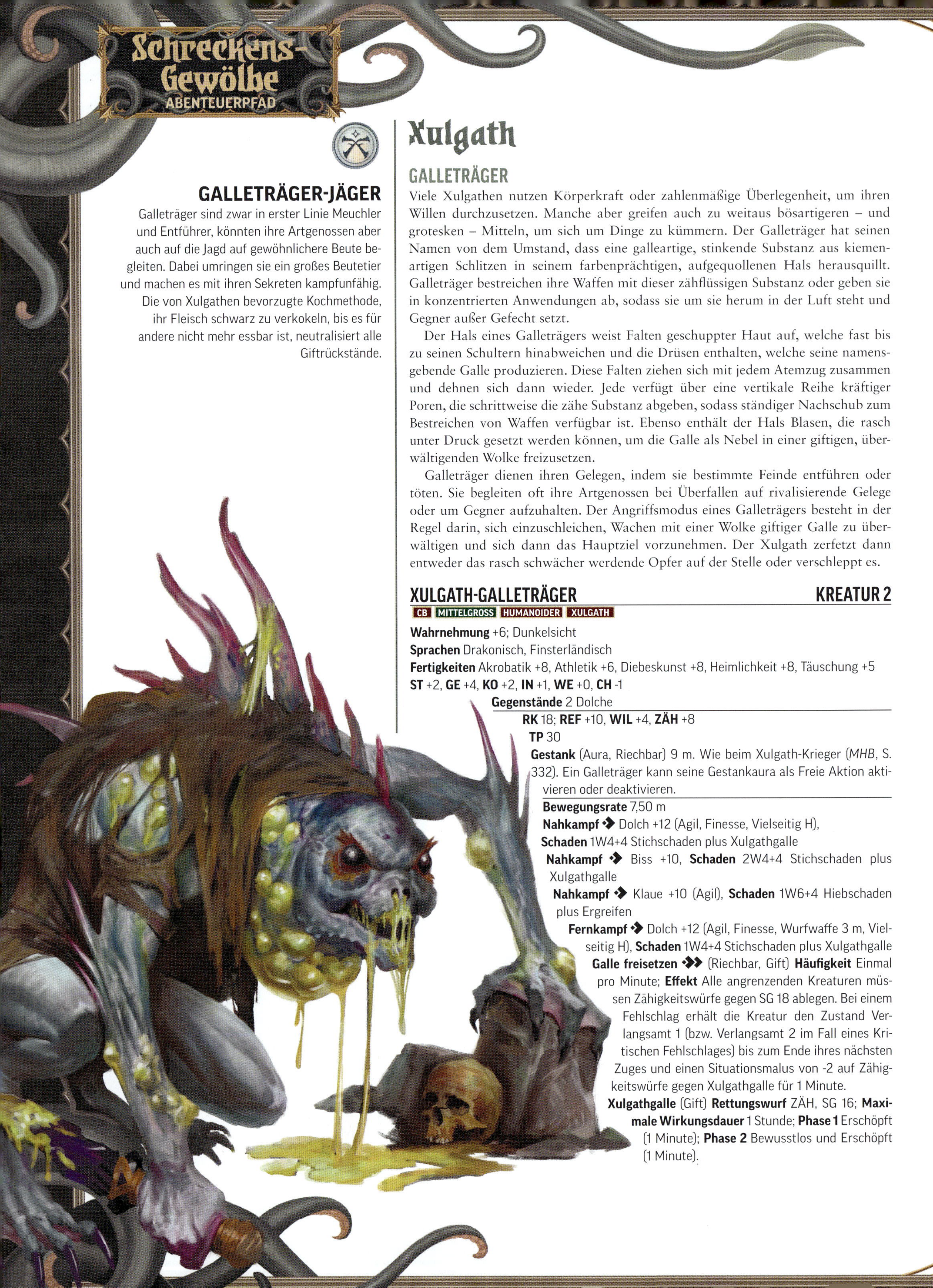

GALLETRÄGER-JÄGER

Galleträger sind zwar in erster Linie Meuchler und Entführer, könnten ihre Artgenossen aber auch auf die Jagd auf gewöhnlichere Beute begleiten. Dabei umringen sie ein großes Beutetier und machen es mit ihren Sekreten kampfunfähig. Die von Xulgathen bevorzugte Kochmethode, ihr Fleisch schwarz zu verkokeln, bis es für andere nicht mehr essbar ist, neutralisiert alle Giftrückstände.

Xulgath

GALLETRÄGER

Viele Xulgathen nutzen Körperkraft oder zahlenmäßige Überlegenheit, um ihren Willen durchzusetzen. Manche aber greifen auch zu weitaus bösartigeren – und grotesken – Mitteln, um sich um Dinge zu kümmern. Der Galleträger hat seinen Namen von dem Umstand, dass eine galleartige, stinkende Substanz aus kiemenartigen Schlitzen in seinem farbenprächtigen, aufgequollenen Hals herausquillt. Galleträger bestreichen ihre Waffen mit dieser zähflüssigen Substanz oder geben sie in konzentrierten Anwendungen ab, sodass sie um sie herum in der Luft steht und Gegner außer Gefecht setzt.

Der Hals eines Galleträgers weist Falten geschuppter Haut auf, welche fast bis zu seinen Schultern hinabweichen und die Drüsen enthalten, welche seine namensgebende Galle produzieren. Diese Falten ziehen sich mit jedem Atemzug zusammen und dehnen sich dann wieder. Jede verfügt über eine vertikale Reihe kräftiger Poren, die schrittweise die zähe Substanz abgeben, sodass ständiger Nachschub zum Bestreichen von Waffen verfügbar ist. Ebenso enthält der Hals Blasen, die rasch unter Druck gesetzt werden können, um die Galle als Nebel in einer giftigen, überwältigenden Wolke freizusetzen.

Galleträger dienen ihren Gelegen, indem sie bestimmte Feinde entführen oder töten. Sie begleiten oft ihre Artgenossen bei Überfallen auf rivalisierende Gelege oder um Gegner aufzuhalten. Der Angriffsmodus eines Galleträgers besteht in der Regel darin, sich einzuschleichen, Wachen mit einer Wolke giftiger Galle zu überwältigen und sich dann das Hauptziel vorzunehmen. Der Xulgath zerfetzt dann entweder das rasch schwächer werdende Opfer auf der Stelle oder verschleppt es.

XULGATH-GALLETRÄGER — KREATUR 2

CB MITTELGROSS HUMANOIDER XULGATH

Wahrnehmung +6; Dunkelsicht
Sprachen Drakonisch, Finsterländisch
Fertigkeiten Akrobatik +8, Athletik +6, Diebeskunst +8, Heimlichkeit +8, Täuschung +5
ST +2, **GE** +4, **KO** +2, **IN** +1, **WE** +0, **CH** -1
Gegenstände 2 Dolche

RK 18; **REF** +10, **WIL** +4, **ZÄH** +8
TP 30
Gestank (Aura, Riechbar) 9 m. Wie beim Xulgath-Krieger (*MHB*, S. 332). Ein Galleträger kann seine Gestankaura als Freie Aktion aktivieren oder deaktivieren.

Bewegungsrate 7,50 m
Nahkampf ◆ Dolch +12 (Agil, Finesse, Vielseitig H), **Schaden** 1W4+4 Stichschaden plus Xulgathgalle
Nahkampf ◆ Biss +10, **Schaden** 2W4+4 Stichschaden plus Xulgathgalle
Nahkampf ◆ Klaue +10 (Agil), **Schaden** 1W6+4 Hiebschaden plus Ergreifen
Fernkampf ◆ Dolch +12 (Agil, Finesse, Wurfwaffe 3 m, Vielseitig H), **Schaden** 1W4+4 Stichschaden plus Xulgathgalle
Galle freisetzen ◆◆ (Riechbar, Gift) **Häufigkeit** Einmal pro Minute; **Effekt** Alle angrenzenden Kreaturen müssen Zähigkeitswürfe gegen SG 18 ablegen. Bei einem Fehlschlag erhält die Kreatur den Zustand Verlangsamt 1 (bzw. Verlangsamt 2 im Fall eines Kritischen Fehlschlages) bis zum Ende ihres nächsten Zuges und einen Situationsmalus von -2 auf Zähigkeitswürfe gegen Xulgathgalle für 1 Minute.
Xulgathgalle (Gift) **Rettungswurf** ZÄH, SG 16; **Maximale Wirkungsdauer** 1 Stunde; **Phase 1** Erschöpft (1 Minute); **Phase 2** Bewusstlos und Erschöpft (1 Minute).

GRÄTENBRECHER

Die stark verschiedene xulgathische Physiologie muss nicht immer drastische Veränderungen bedeuten – manche Xulgathen sind einfach größer und stärker als die anderen ihres Geleges. Die meisten Xulgathen nennen solche Geschwister Grätenbrecher, aber auch Knochenbrecher, Markfreileger oder ähnlich brutale Spitznamen sind verbreitet. Ein typischer Grätenbrecher ist 2,70 m groß und wiegt 350 Pfund.

Im Kampf besitzen Grätenbrecher die Geschwindigkeit, Eleganz und Stärke eines Vorschlaghammers. Sie sind ideale Schocktruppen und eignen sich bestens als erste Verteidigungslinie. Führt ein gelegeinterner Konflikt zu einem Duell, werden Grätenbrecher meistens als Champions berufen, um in einem – theoretisch – nichttödlichen Ringkampf anzutreten, nach welchem der Sieger dem Verlierer als Trophäe einige Schuppen ausreißt.

XULGATH-GRÄTENBRECHER KREATUR 5

CB | GROSS | HUMANOIDER | XULGATH

Wahrnehmung +11; Dunkelsicht
Sprachen Drakonisch, Finsterländisch
Fertigkeiten Athletik +15, Einschüchtern +11
ST +6, **GE** +1, **KO** +4, **IN** +0, **WE** +2, **CH** +0
Gegenstände Schlägel

RK 21;**REF** +10, **WIL** +9, **ZÄH** +15
TP 95
Gestank (Aura, Riechbar) 9 m. Betritt eine Kreatur die Aura, muss sie einen Zähigkeitswurf gegen SG 21 ablegen. Bei einem Fehlschlag erhält die Kreatur den Zustand Kränkelnd 1, bei einem Kritischen Fehlschlag kommt noch ein Zustandsmalus von -1,50 m auf alle Bewegungsraten für 1 Runde dazu. Während des Aufenthaltes in der Aura erhält die Kreatur einen Situationsmalus von -2 auf Rettungswürfe, um sich vom Zustand Kränkelnd zu erholen. Gelingt einer Kreatur der Rettungswurf, ist sie für 1 Minute gegen jeden xulgathischen Gestank immun.

Bewegungsrate 7,50 m
Nahkampf ◆ Schlägel +15 (Fortstoßen), **Schaden** 1W12+10 Wuchtschaden
Nahkampf ◆ Biss +15, **Schaden** 2W8+8 Stichschaden
Nahkampf ◆ Klaue +15 (Agil), **Schaden** 2W4+8 Hiebschaden plus Ergreifen
Brutaler Schlag ◆◆ Der Grätenbrecher führt einen Klauen- oder Waffenangriff aus. Trifft er, verursacht er den üblichen Schaden und muss das Ziel zudem einen Zähigkeitswurf gegen SG 22 ablegen:

Kritischer Erfolg Die Kreatur ist nicht betroffen und der Grätenbrecher erhält bis zum Beginn seines nächsten Zuges den Zustand Auf dem Falschen Fuß.
Erfolg Die Kreatur ist nicht betroffen.
Fehlschlag Die Kreatur wird 3 m weit gestoßen.
Kritischer Fehlschlag Die Kreatur wird 3 m weit gestoßen und erhält den Zustand Liegend.

Würgeschlag ◆ **Häufigkeit** Einmal pro Runde; **Anforderungen** Der Grätenbrecher hat eine Kreatur in den Zustand Gegriffen oder Gebunden versetzt; **Effekt** Der Grätenbrecher hämmert die Kreatur gegen eine nahe Oberfläche. Das Ziel und die getroffene Oberfläche erleiden beide jeweils 4W6 Punkte Wuchtschaden; dem Ziel muss ein Zähigkeitswurf gegen SG 22 gelingen, bei Misslingen erhält es für 1 Runde den Zustand Verlangsamt 1 (bzw. Betäubt 1 bei einem Kritischen Fehlschlag).

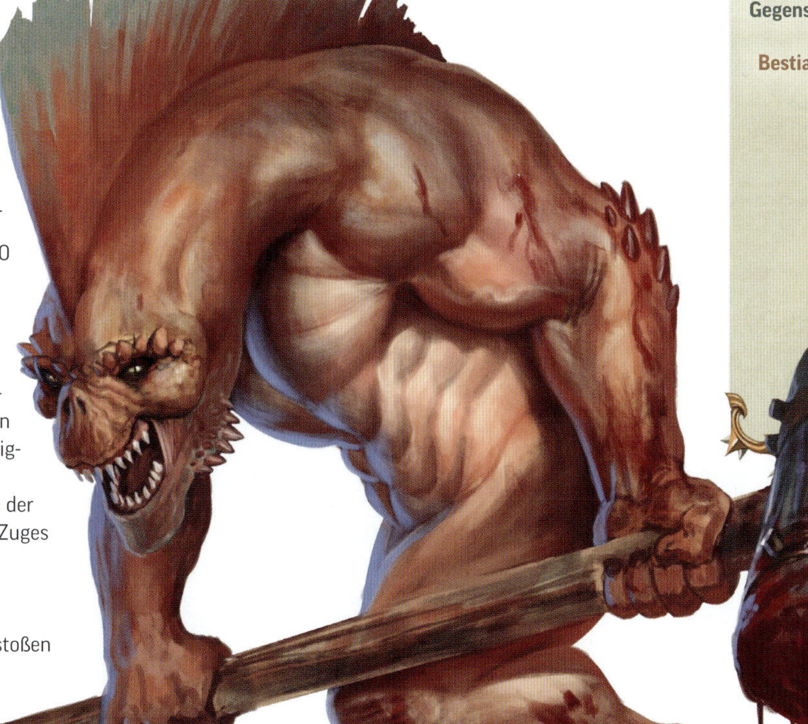

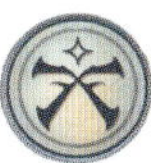

UNGEWÖHNLICHE URSPRÜNGE

Nicht alle Grätenbrecher entspringen den typischen xulgathischen Mutationen. Manche entstehen bei verpatzten Steinbindungen, wo der Prozess ihnen nur Größe und Stärke statt umfassenden Erdkräften verleiht, oder gar dämonischen Riten. Im letzteren Fall könnten solche scheusalberührte Grätenbrecher zusätzliche Gliedmaßen besitzen, gewaltige Mäuler, welche möglicherweise einen erhöhten Angriffsradius haben, oder andere furchtbare Anzeichen des Abyss.

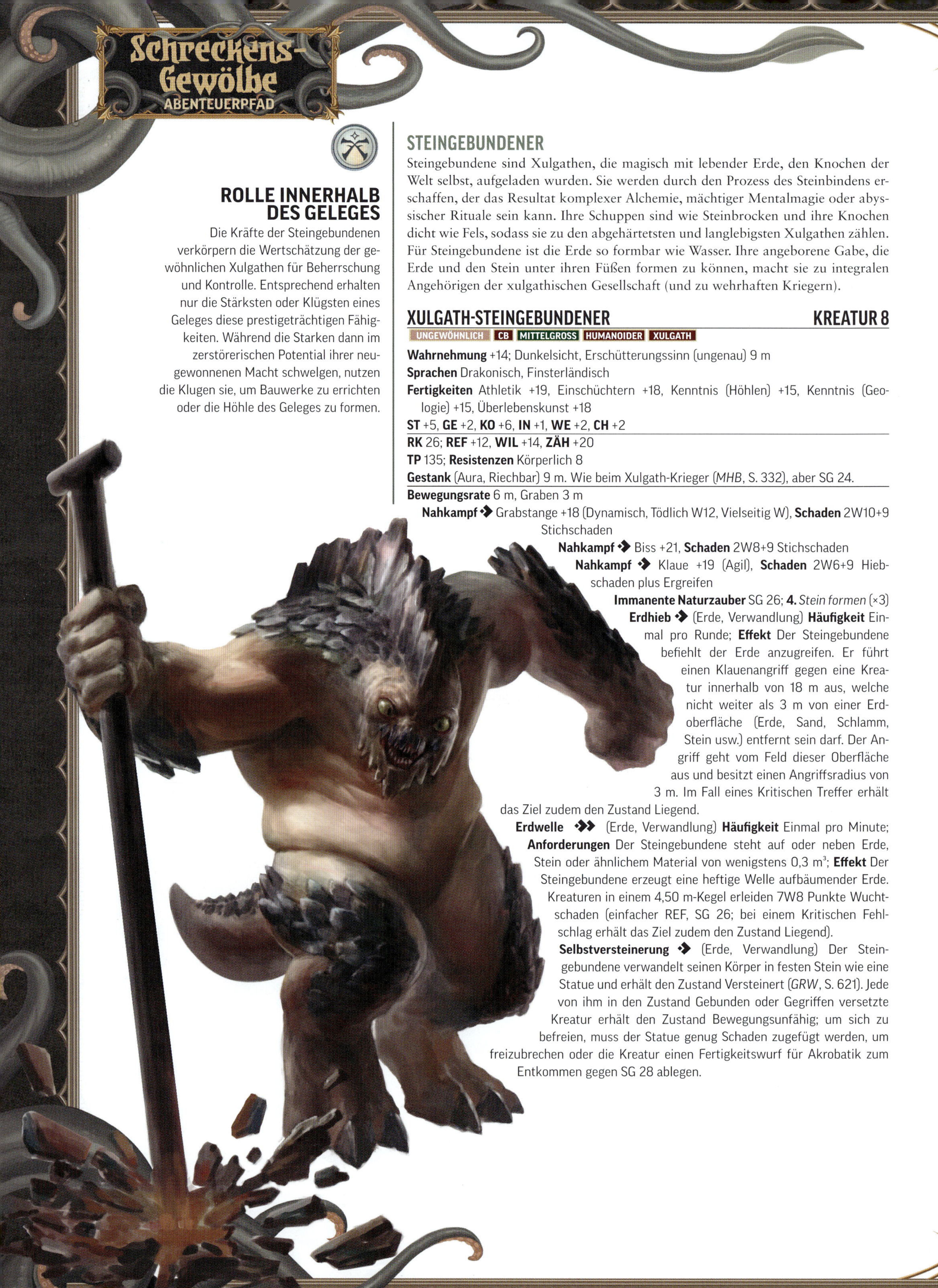

ROLLE INNERHALB DES GELEGES

Die Kräfte der Steingebundenen verkörpern die Wertschätzung der gewöhnlichen Xulgathen für Beherrschung und Kontrolle. Entsprechend erhalten nur die Stärksten oder Klügsten eines Geleges diese prestigeträchtigen Fähigkeiten. Während die Starken dann im zerstörerischen Potential ihrer neugewonnenen Macht schwelgen, nutzen die Klugen sie, um Bauwerke zu errichten oder die Höhle des Geleges zu formen.

STEINGEBUNDENER

Steingebundene sind Xulgathen, die magisch mit lebender Erde, den Knochen der Welt selbst, aufgeladen wurden. Sie werden durch den Prozess des Steinbindens erschaffen, der das Resultat komplexer Alchemie, mächtiger Mentalmagie oder abyssischer Rituale sein kann. Ihre Schuppen sind wie Steinbrocken und ihre Knochen dicht wie Fels, sodass sie zu den abgehärtetsten und langlebigsten Xulgathen zählen. Für Steingebundene ist die Erde so formbar wie Wasser. Ihre angeborene Gabe, die Erde und den Stein unter ihren Füßen formen zu können, macht sie zu integralen Angehörigen der xulgathischen Gesellschaft (und zu wehrhaften Kriegern).

XULGATH-STEINGEBUNDENER — KREATUR 8

UNGEWÖHNLICH | CB | MITTELGROSS | HUMANOIDER | XULGATH

Wahrnehmung +14; Dunkelsicht, Erschütterungssinn (ungenau) 9 m

Sprachen Drakonisch, Finsterländisch

Fertigkeiten Athletik +19, Einschüchtern +18, Kenntnis (Höhlen) +15, Kenntnis (Geologie) +15, Überlebenskunst +18

ST +5, **GE** +2, **KO** +6, **IN** +1, **WE** +2, **CH** +2

RK 26; **REF** +12, **WIL** +14, **ZÄH** +20

TP 135; **Resistenzen** Körperlich 8

Gestank (Aura, Riechbar) 9 m. Wie beim Xulgath-Krieger (*MHB*, S. 332), aber SG 24.

Bewegungsrate 6 m, Graben 3 m

Nahkampf ◆ Grabstange +18 (Dynamisch, Tödlich W12, Vielseitig W), **Schaden** 2W10+9 Stichschaden

Nahkampf ◆ Biss +21, **Schaden** 2W8+9 Stichschaden

Nahkampf ◆ Klaue +19 (Agil), **Schaden** 2W6+9 Hiebschaden plus Ergreifen

Immanente Naturzauber SG 26; **4.** *Stein formen* (×3)

Erdhieb ◆ (Erde, Verwandlung) **Häufigkeit** Einmal pro Runde; **Effekt** Der Steingebundene befiehlt der Erde anzugreifen. Er führt einen Klauenangriff gegen eine Kreatur innerhalb von 18 m aus, welche nicht weiter als 3 m von einer Erdoberfläche (Erde, Sand, Schlamm, Stein usw.) entfernt sein darf. Der Angriff geht vom Feld dieser Oberfläche aus und besitzt einen Angriffsradius von 3 m. Im Fall eines Kritischen Treffer erhält das Ziel zudem den Zustand Liegend.

Erdwelle ◆◆ (Erde, Verwandlung) **Häufigkeit** Einmal pro Minute; **Anforderungen** Der Steingebundene steht auf oder neben Erde, Stein oder ähnlichem Material von wenigstens 0,3 m³; **Effekt** Der Steingebundene erzeugt eine heftige Welle aufbäumender Erde. Kreaturen in einem 4,50 m-Kegel erleiden 7W8 Punkte Wuchtschaden (einfacher REF, SG 26; bei einem Kritischen Fehlschlag erhält das Ziel zudem den Zustand Liegend).

Selbstversteinerung ◆ (Erde, Verwandlung) Der Steingebundene verwandelt seinen Körper in festen Stein wie eine Statue und erhält den Zustand Versteinert (*GRW*, S. 621). Jede von ihm in den Zustand Gebunden oder Gegriffen versetzte Kreatur erhält den Zustand Bewegungsunfähig; um sich zu befreien, muss der Statue genug Schaden zugefügt werden, um freizubrechen oder die Kreatur einen Fertigkeitswurf für Akrobatik zum Entkommen gegen SG 28 ablegen.

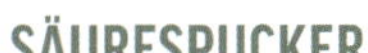

SÄURESPUCKER

Säurespucker präsentieren eine noch extremere körperliche Entwicklung als die Galleträger. Sie sind breiter und schneller. Ihre Hälse und Gliedmaßen sind von kabelartigen Muskeln bedeckt. Ihre Körper sind auch dichter. Ein Säurespucker besitzt mehrere Mägen voller Flüssigkeiten, die noch ätzender sind als die der Galleträger. Wie den Galleträgern fehlt auch den Säurespuckern der auffällige Gestank, der für die meisten Xulgathen typisch ist.

Im Torso eines Säurespuckers verbirgt sich ein sehr beunruhigendes Merkmal: eine eng zusammengerollte Speiseröhre. Unter Druck stehende Blasen und eine muskuläre Kehle ermöglichen dem Säurespucker, seine Speiseröhre explosiv in einem Ausbruch gelben Fleisches und ätzender Galle herauszukatapultieren. Die ätzende Magensäure, welche die Speiseröhre bedeckt, macht selbst kurzen Kontakt mit dem Organ gefährlich. Als letztes Mittel kann ein Säurespucker vorsätzlich die Korrosion in seiner Speiseröhre beschleunigen und so furchtbare Säure in einer Explosion freisetzen, welche zugleich sein Leben beendet.

XULGATH-SÄURESPUCKER — KREATUR 10

CB | MITTELGROSS | HUMANOIDER | XULGATH

Wahrnehmung +19; Dunkelsicht
Sprachen Drakonisch, Finsterländisch
Fertigkeiten Akrobatik +22, Athletik +22, Heimlichkeit +20
ST +4, **GE** +6, **KO** +7, **IN** -2, **WE** +1, **CH** -1

RK 28; **REF** +22, **WIL** +17, **ZÄH** +23
TP 190; **Resistenzen** Säure 10
Ätzender Nebel (Aura, Säure) 3 m. Befindet sich ein Säurespucker innerhalb der Gestankaura eines anderen Xulgathen, erscheint um ihn herum ein Nebel. Kreaturen in diesem Nebel (der Säurespucker eingeschlossen) können normal sehen, besitzen aber gegenüber Kreaturen außerhalb des Nebels den Zustand Verborgen. Nichtxulgathen, welche ihren Zug im Nebel beginnen, erhalten 2W6 Punkte Säureschaden. Kräftige Winde unterdrücken diese Fähigkeit.
Selbstdetonation ◆◆ (Säure) **Anforderungen** Der Säurespucker besitzt weniger als 45 TP; **Effekt** Der Säurespucker presst seine Eingeweide zusammen und explodiert. Dies setzt seine Körpersäfte frei und tötet ihn augenblicklich. Kreaturen und nicht gehaltene oder getragene Gegenstände in einer 6 m-Ausstrahlung um den Säurespucker erleiden 8W8 Punkte Säureschaden (einfacher REF, SG 31).

Bewegungsrate 12 m
Nahkampf ◆ Biss +21, **Schaden** 2W6+8 Stichschaden plus 2W6 Säure
Nahkampf ◆ Klaue +23 (Agil, Finesse), **Schaden** 2W8+8 Hiebschaden
Fernkampf ◆◆ Gallestrahl +23 (Entfernungseinheit 18 m, Säure), **Schaden** 4W8+7 Säureschaden
Ätzender Kuss ◆◆ (Säure) **Häufigkeit** Einmal pro Runde; **Effekt** Der Säurespucker schleudert seine Speiseröhre aus seinem Körper, um einen ätzenden Schlag zu landen. Er führt einen Waffenlosen Angriff gegen eine Kreatur oder einen nicht gehaltenen oder getragenen Gegenstand innerhalb von 9 m mit einem Angriffsbonus von +23 aus. Bei einem Treffer erleidet das Ziel 2W6+8 Punkte Wuchtschaden plus 4W6 Punkte Säureschaden. Bei einem Kritischen Treffer erhält das Ziel zudem 2W6 Punkte Anhaltenden Säureschaden. Der Säurespucker erhält für 1 Runde den Zustand Unbeholfen 1, da er seine Speiseröhre wieder einfahren muss.

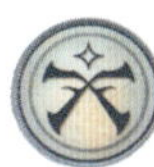

URSPRÜNGE DER SÄURESPUCKER

Säurespucker gehören seit Jahrtausenden zur xulgathischen Gesellschaft. Eine Legende der Xulgathen besagt, die Xulgathen hätten die Kunst der materialstärkenden Beugung entwickelt, um ihre Mauern vor der starken Säure der Säurespucker zu schützen. Diese Säure wird auch genutzt, um Muster in die Schuppen von Xulgathen zu gravieren. In schwierigen Zeiten wird sie auch – sehr, sehr vorsichtig – anstelle von Feuer zum Kochen von Nahrung genutzt.

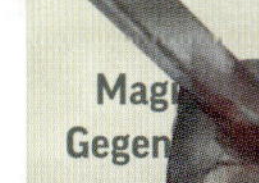

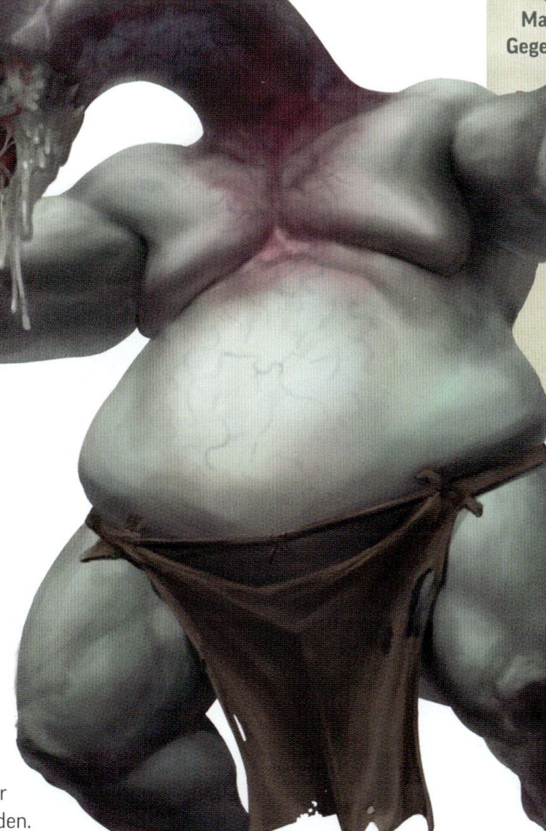

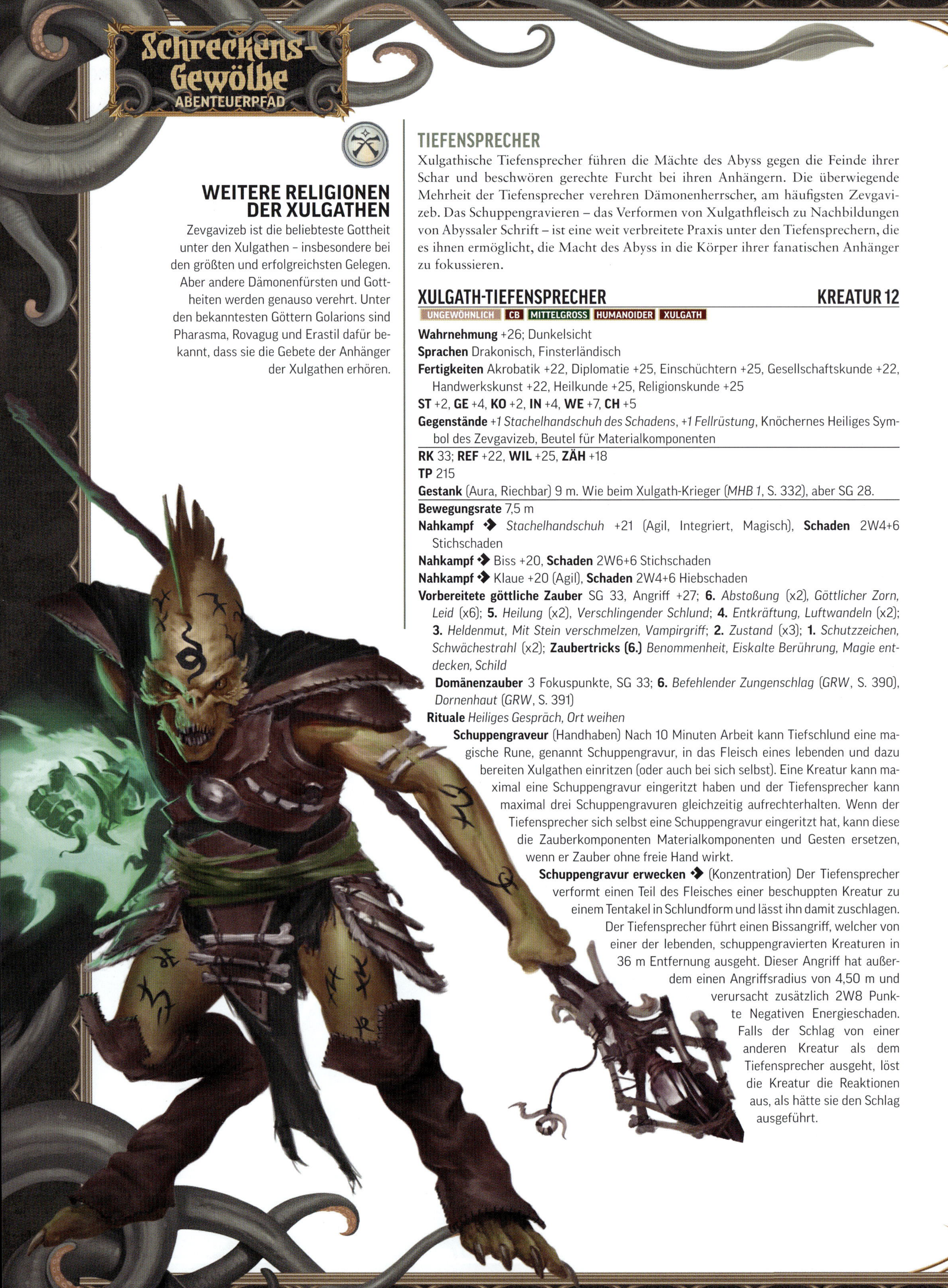

WEITERE RELIGIONEN DER XULGATHEN

Zevgavizeb ist die beliebteste Gottheit unter den Xulgathen - insbesondere bei den größten und erfolgreichsten Gelegen. Aber andere Dämonenfürsten und Gottheiten werden genauso verehrt. Unter den bekanntesten Göttern Golarions sind Pharasma, Rovagug und Erastil dafür bekannt, dass sie die Gebete der Anhänger der Xulgathen erhören.

TIEFENSPRECHER

Xulgathische Tiefensprecher führen die Mächte des Abyss gegen die Feinde ihrer Schar und beschwören gerechte Furcht bei ihren Anhängern. Die überwiegende Mehrheit der Tiefensprecher verehren Dämonenherrscher, am häufigsten Zevgavizeb. Das Schuppengravieren – das Verformen von Xulgathfleisch zu Nachbildungen von Abyssaler Schrift – ist eine weit verbreitete Praxis unter den Tiefensprechern, die es ihnen ermöglicht, die Macht des Abyss in die Körper ihrer fanatischen Anhänger zu fokussieren.

XULGATH-TIEFENSPRECHER — KREATUR 12

UNGEWÖHNLICH | CB | MITTELGROSS | HUMANOIDER | XULGATH

Wahrnehmung +26; Dunkelsicht

Sprachen Drakonisch, Finsterländisch

Fertigkeiten Akrobatik +22, Diplomatie +25, Einschüchtern +25, Gesellschaftskunde +22, Handwerkskunst +22, Heilkunde +25, Religionskunde +25

ST +2, **GE** +4, **KO** +2, **IN** +4, **WE** +7, **CH** +5

Gegenstände *+1 Stachelhandschuh des Schadens*, *+1 Fellrüstung*, Knöchernes Heiliges Symbol des Zevgavizeb, Beutel für Materialkomponenten

---

RK 33; **REF** +22, **WIL** +25, **ZÄH** +18

TP 215

Gestank (Aura, Riechbar) 9 m. Wie beim Xulgath-Krieger (*MHB 1*, S. 332), aber SG 28.

Bewegungsrate 7,5 m

Nahkampf ◆ *Stachelhandschuh* +21 (Agil, Integriert, Magisch), **Schaden** 2W4+6 Stichschaden

Nahkampf ◆ Biss +20, **Schaden** 2W6+6 Stichschaden

Nahkampf ◆ Klaue +20 (Agil), **Schaden** 2W4+6 Hiebschaden

Vorbereitete göttliche Zauber SG 33, Angriff +27; **6.** *Abstoßung* (x2), *Göttlicher Zorn, Leid* (x6); **5.** *Heilung* (x2), *Verschlingender Schlund*; **4.** *Entkräftung, Luftwandeln* (x2); **3.** *Heldenmut, Mit Stein verschmelzen, Vampirgriff*; **2.** *Zustand* (x3); **1.** *Schutzzeichen, Schwächestrahl* (x2); **Zaubertricks (6.)** *Benommenheit, Eiskalte Berührung, Magie entdecken, Schild*

Domänenzauber 3 Fokuspunkte, SG 33; **6.** *Befehlender Zungenschlag* (*GRW*, S. 390), *Dornenhaut* (*GRW*, S. 391)

Rituale *Heiliges Gespräch, Ort weihen*

Schuppengraveur (Handhaben) Nach 10 Minuten Arbeit kann Tiefschlund eine magische Rune, genannt Schuppengravur, in das Fleisch eines lebenden und dazu bereiten Xulgathen einritzen (oder auch bei sich selbst). Eine Kreatur kann maximal eine Schuppengravur eingeritzt haben und der Tiefensprecher kann maximal drei Schuppengravuren gleichzeitig aufrechterhalten. Wenn der Tiefensprecher sich selbst eine Schuppengravur eingeritzt hat, kann diese die Zauberkomponenten Materialkomponenten und Gesten ersetzen, wenn er Zauber ohne freie Hand wirkt.

Schuppengravur erwecken ◆ (Konzentration) Der Tiefensprecher verformt einen Teil des Fleisches einer beschuppten Kreatur zu einem Tentakel in Schlundform und lässt ihn damit zuschlagen. Der Tiefensprecher führt einen Bissangriff, welcher von einer der lebenden, schuppengravierten Kreaturen in 36 m Entfernung ausgeht. Dieser Angriff hat außerdem einen Angriffsradius von 4,50 m und verursacht zusätzlich 2W8 Punkte Negativen Energieschaden. Falls der Schlag von einer anderen Kreatur als dem Tiefensprecher ausgeht, löst die Kreatur die Reaktionen aus, als hätte sie den Schlag ausgeführt.

GEDANKENRÄUBER

Gedankenräuber sind die Erben der uralten übersinnlichen Kräfte ihres Volkes. Sie nutzen ihre Gaben gern und hemmungslos, um ihren Feinden Wissen zu entreißen und ihren Verstand anzutreiben.

XULGATH-GEDANKENRÄUBER — KREATUR 15

SELTEN | CB | MITTELGROSS | HUMANOIDER | XULGATH

Wahrnehmung +30; Dunkelsicht, Gedankengespür (ungenau) 18 m

Sprachen Drakonisch, Finsterländisch; Telepathie 30 m

Fertigkeiten Akrobatik +25, Arkane Künste +27, Diplomatie +27, Einschüchtern +29, Gesellschaftskunde +27, Kenntnis (Xulgathen) +31, Okkultismus +31, Täuschung +29

ST +4, **GE** +6, **KO** +4, **IN** +8, **WE** +5, **CH** +6

Gegenstände *+2 Lederrüstung des Widerstandes*, *+2 Speer des Schadens*

Gedankengespür (Erkenntnis, Mental, Okkult) Der Gedankenräuber spürt die mentale Essenz einer Kreatur innerhalb der aufgeführten Reichweite.

RK 36; **REF** +26, **WIL** +30, **ZÄH** +23

TP 280; **Resistenzen** Mental 15

Psychogene Sekrete (Aura, Mental) 9 m. Betritt eine Kreatur die Ausstrahlung, muss sie einen Willenswurf gegen SG 36 ablegen. Bei einem Fehlschlag erhält die Kreatur den Zustand Benommen 1 für 1 Minute (bzw. bei einem Kritischen Fehlschlag Benommen 2 und Gelähmt für 1 Runde). Bei Erfolg ist eine Kreatur für 1 Minute vorübergehend gegen diese Aura immun.

Bewegungsrate 7,50 m, Fliegen 10,50 m (durch *Fliegen*)

Nahkampf ◆ *Speer* + 30 (Magisch), **Schaden** 2W6+10 Stichschaden

Nahkampf ◆ Biss +28, **Schaden** 3W8+10 Stichschaden

Nahkampf ◆ Klaue +28 (Agil, Finesse), **Schaden** 3W4+10 Hiebschaden

Fernkampf ◆ *Speer* +30 (Magisch, Wurfwaffe 6 m), **Schaden** 2W6+10 Stichschaden

Spontane okkulte Zauber SG 36; **7.** (3 Zauberplätze) *Tödliches Phantom*, *Verstand verwirren*, *Vision des Untergangs*; **6.** (3 Plätze) *Ausspähung*, *Energiewand*, *Phantomkatastrophe*; **5.** (3 Plätze) *Gedankensonde*, *Halluzination erzeugen*, *Synaptischer Impuls*; **4.** (3 Plätze) *Einflüsterung*, *Erinnerung verändern*, *Unsichtbarkeit*; **Zaubertricks (7.)** *Beistand*, *Benommenheit*, *Botschaft*, *Schild*

Immanente okkulte Zauber SG 36, Angriff +28; **8.** *Phantomschmerz* (×3); **5.** *Telekinetischer Transport* (beliebig oft); **2.** *Telekinetisches Kampfmanöver* (beliebig oft); **Zaubertricks (8.)** *Telekinetisches Geschoss*; **Ständig (8.)** *Fliegen*

Okkulte Rituale SG 36; *Hilfsbereitschaft erwecken*

Wissen verzehren ◆◆ (Erkenntnis, Mental, Okkult) Der Gedankenräuber dringt in den Verstand einer maximal 30 m entfernten Kreatur ein und versucht, ihre Befähigung zu komplexem Denken zu verschlingen. Die Kreatur muss einen Willenswurf gegen SG 36 ablegen. Der Einsatz dieser Fähigkeit beendet alle Effekte einer vorherigen Nutzung bei einer anderen Kreatur.

Kritischer Erfolg Die Kreatur ist nicht betroffen.

Erfolg Die Kreatur erhält für 1 Rund den Zustand Verlangsamt 1.

Fehlschlag Die Kreatur erhält den Zustand Verlangsamt 1 und kann 1 Minute lang nur einfache Handlungen ausführen.

Kritischer Fehlschlag Wie beim Fehlschlag, der Gedankenräuber erhält aber für 1 Minute den Zustand Beschleunigt 1. Er kann diese zusätzliche Aktion für Laufen, Schritt oder Zauber wirken nutzen, sofern das Ziel über vorbereitete Zauber oder ein Zauberrepertoire verfügt.

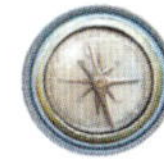

AUFENTHALTSORTE VON GEDANKENRÄUBERN

Nur wenige Gedankenräubern verlassen die tiefsten Grüfte der Finsterlande. Dort hausen sie in zerfallenden Stufenpyramiden, suchen in Ruinen nach verlorenem Wissen und lenken xulgathische Gelege mittels Geisteskraft oder direkter Unterwerfung. Manche wollen die sterbliche Existenz hinter sich lassen, während andere die Oberflächenwelt erobern wollen.

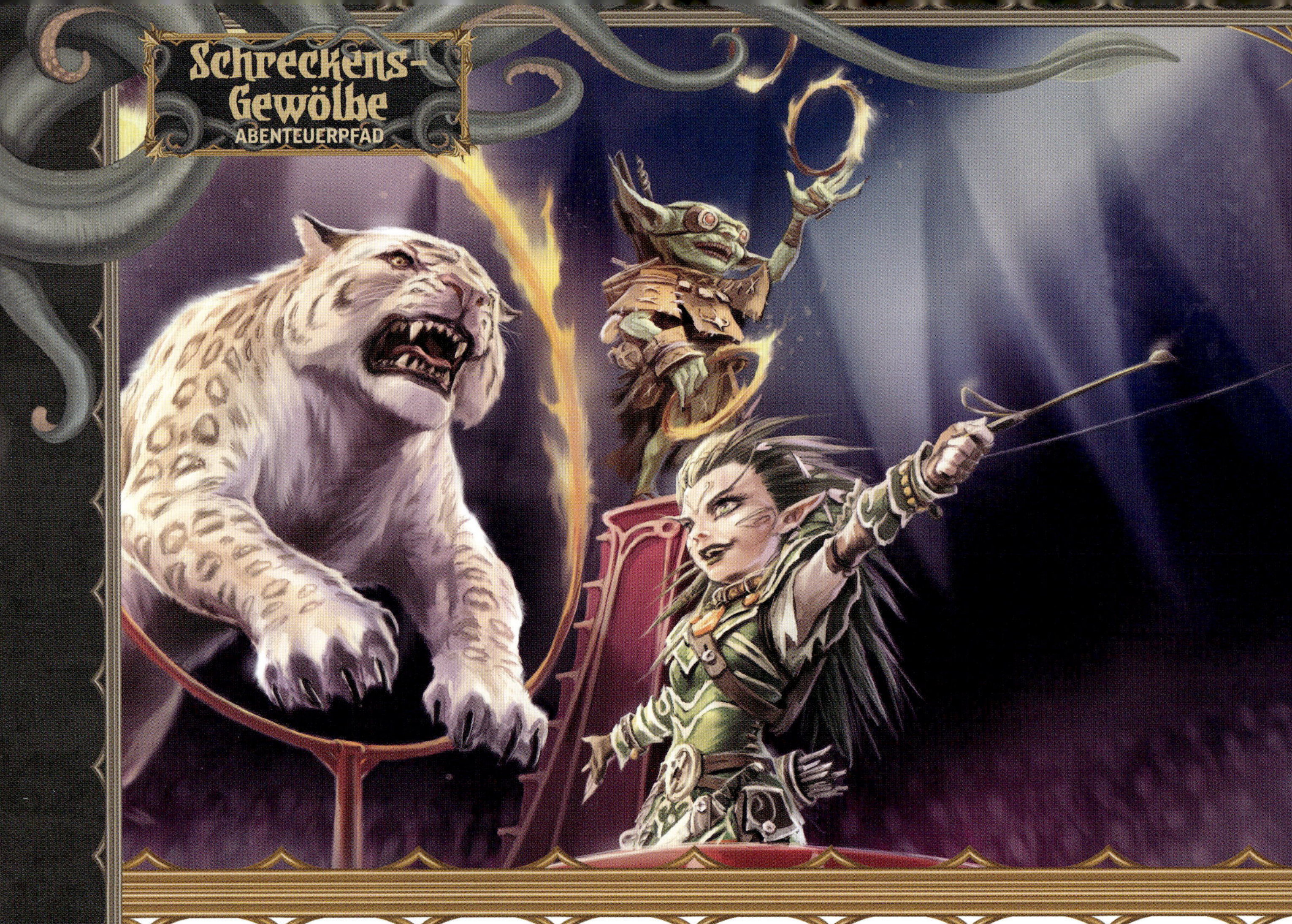

OPEN GAME LICENSE VERSION 1.0A

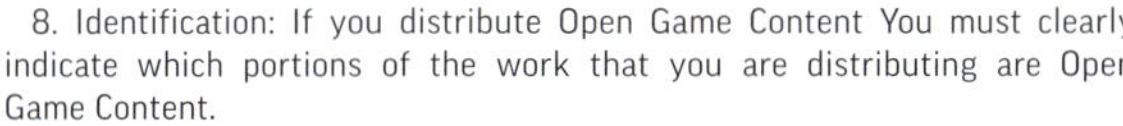

PAIZO INC.

Creative Directors • James Jacobs and Robert G. McCreary
Director of Game Design • Jason Bulmahn
Director of Visual Design • Sarah E. Robinson
Director of Game Development • Adam Daigle
Organized Play Lead Developer • Linda Zayas-Palmer
Developers • Eleanor Ferron, Jason Keeley, Luis Loza, Ron Lundeen, Patrick Renie, and Jason Tondro
Starfinder Lead Designer • Joe Pasini
Starfinder Senior Developer • John Compton
Pathfinder Society Developer • Thurston Hillman
Starfinder Society Developer • Jenny Jarzabski
Design Manager • Mark Seifter
Pathfinder Lead Designer • Logan Bonner
Designers • James Case and Michael Sayre
Managing Editor • Leo Glass
Editors • Addley Fannin, Patrick Hurley, Avi Kool, Ianara Natividad, Kieran Newton, and Lu Pellazar
Managing Art Director • Sonja Morris
Art Directors • Kent Hamilton, Kyle Hunter, and Adam Vick
Senior Graphic Designer • Emily Crowell
Graphic Designer • Tony Barnett
Director of Brand Strategy • Mark Moreland
Paizo CEO • Lisa Stevens
President • Jeffrey Alvarez
Chief Creative Officer • Erik Mona
Chief Financial Officer • David Reuland
Chief Technical Officer • Vic Wertz
Director of Project Management • Glenn Elliott
Project Coordinator • Lee Rucker
Director of Sales • Pierce Watters
Sales Associate • Cosmo Eisele
Vice President of Marketing & Licensing • Jim Butler
Director of Licensing • John Feil
Public Relations Manager • Aaron Shanks
Social Media Producer • Payton Smith
Customer Service & Community Manager • Sara Marie
Organized Play Manager • Tonya Woldridge
Organized Play Associate • Alex Speidel
Accountant • William Jorenby
Accounting & AP Specialist • Eric Powell
Finance Operations Specialist • B. Scott Keim
Human Resources Generalist • Devinne Caples
Director of Technology • Raimi Kong
Web Content Manager • Maryssa Lagervall
Senior Software Developer • Gary Teter
Webstore Coordinator • Katina Davis
Customer Service Team • Rian Davenport, Keith Greer, Logan Harper, Joan Hong, Samantha Phelan, Calliope Taylor, and Diego Valdez
Logistics Coordinator • Kevin Underwood
Warehouse Manager • Jeff Strand
Warehouse Team • Mika Hawkins, James Mafi, and Heather Payne
Website Team • Brian Bauman, Robert Brandenburg, Whitney Chatterjee, Erik Keith, Levi Steadman, Josh Thornton, and Andrew White

Mitarbeiter Ulisses Spiele
Administration • Christian Elsässer, Cora Elsässer, Carsten Moos, Sven Paff, Stefanie Peuser, Marlies Plötz, Markus Plötz, Johanna Moos
Marketing • Philipp Jerulank, Björn Meyer, Katharina Wagner, Wolfgang G. Wettach
Ulisses Digital • Alina Conard, Nico Dreßen, Thomas Engelbert, Nele Klumpe, Julia Metzger, Phillip Nuss, Maximilian Thiele, Jan Wagner, Carina Wittrin, Kai Woitczyk
Verlag • Zoe Adamietz, Jörn Aust, Mirko Bader, Steffen Brand, Bill Bridges, Timothy Brown, Simon Burandt, Carlos Dias, Christiane Ebrecht, Frauke Forster, Christof Grobelski, Kai Großkordt, Darrell Hayhurst, Markus Heinen, Nikolai Hoch, Nadine Hoffmann, Johannes Kaub, Christian Lonsing, Matthias Lück, Susanne Majewski, Thomas Michalski, Elisabeth Raasch, Nadine Schäkel, Maik Schmidt, Ulrich-Alexander Schmidt, Nils Schürmann, Eric Simon, Alex Spohr, Anke Steinbacher, Ross Watson
Verlag USA • Robert Adducci, Bill Bridges, Timothy Brown, Darrell Hayhurst, Eric Simon, Ross Watson
Vertrieb • Nils Herzmann , Jan Hulverscheidt, Anke Kühn, Thomas Schwertfeger, Stefan Tannert

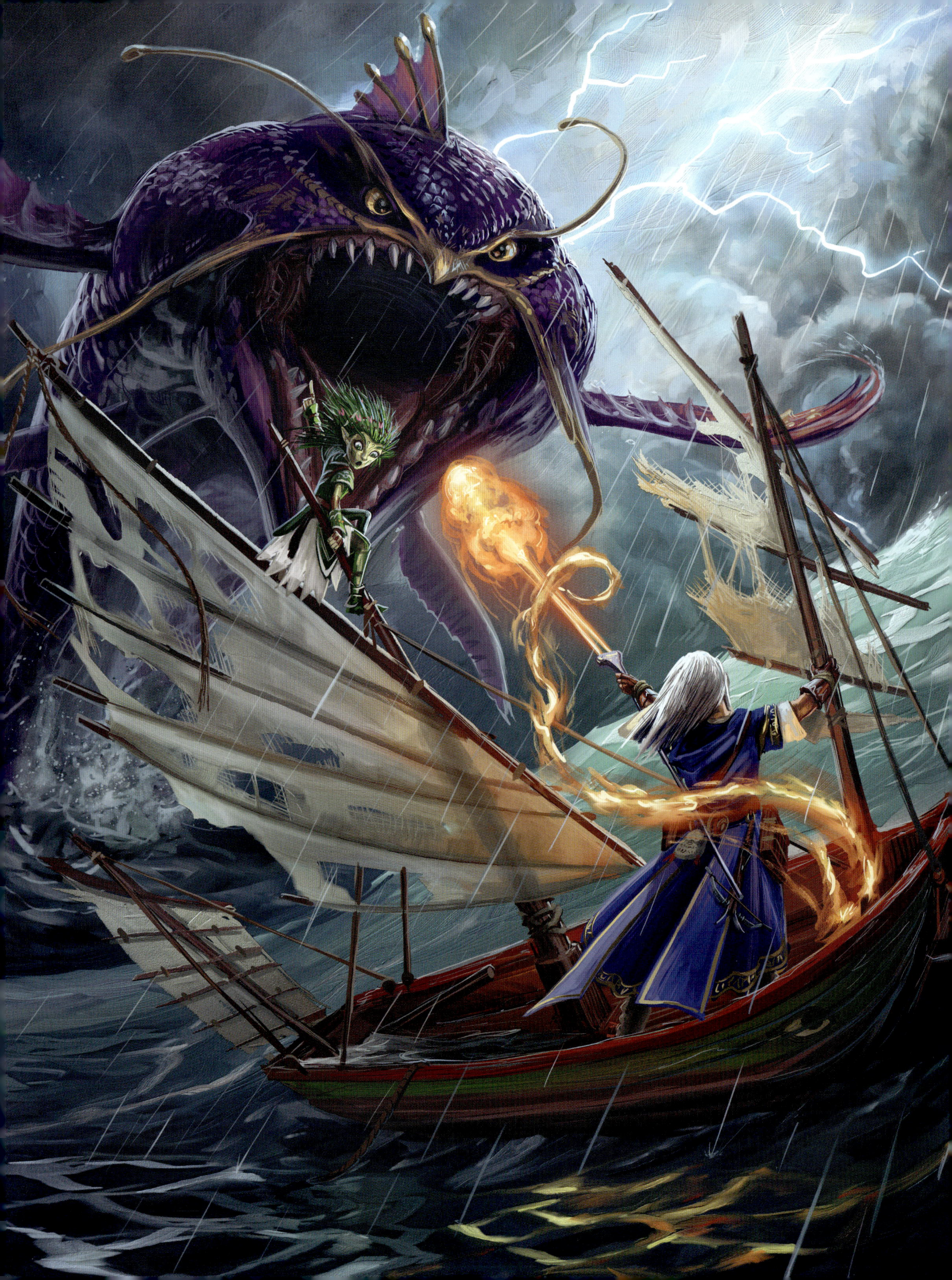